自主创新丛书
Indigenous Innovation Series

ERIC VON HIPPEL

[美]
埃里克·冯·希普尔 著

陈劲 朱朝晖 译

用户创新

**Democratizing
Innovation**

提升公司的
创新绩效

东方出版中心

作 者 简 介

埃里克·冯·希普尔（Eric von Hippel）：麻省理工学院斯隆管理学院教授，并兼任麻省理工学院工程系统部门（ESD）教授。希普尔首次发现并系统提出的用户创新理论，在西方学术界和企业界得到了广泛的重视和应用。

译 者 简 介

陈　劲，清华大学技术创新研究中心主任、教授、博士生导师。著译甚丰。

朱朝晖，浙江工商大学教授。著有《经营活动中的真实盈余管理行为研究》等。

自主创新丛书
编辑委员会

总顾问：顾淑林　胡志坚　吴晓波

执行编委（以姓氏笔画为序）：

王彦敏　中国科技体制改革研究会理事，新场学院创始人

毛照昉　天津大学管理与经济学部副主任，教授

刘　畅　钛禾智库创始人

孙　喜　首都经济贸易大学工商管理学院企业管理系副主任，副教授

李　瑞　清华大学公共管理学院助理研究员

金　珺　浙江大学管理学院副教授

封凯栋　北京大学政府管理学院学科规划与建设中心主任，长聘副教授

眭纪刚　中国科学院科技战略咨询研究院创新发展政策所副所长，研究员

戴亦欣　清华大学公共管理学院政治与公共政策所副所长，副教授

出版者的话

党的十八大明确提出:"科技创新是提高社会生产力和综合国力的战略支撑,必须摆在国家发展全局的核心位置。"进入新发展阶段,面对中华民族伟大复兴战略全局和世界百年未有之大变局,面对日趋复杂激烈的"贸易战"和"技术战",如何突破"卡脖子"技术,实现科技自立自强,已成为事关我国生存和发展的关键问题。

党的十九届五中全会通过的《中共中央关于制定国民经济和社会发展第十四个五年规划和二○三五年远景目标的建议》进一步提出,"坚持创新在现代化建设全局中的核心地位,把科技自立自强作为国家发展的战略支撑"。

策划出版这套"自主创新丛书",旨在为我国科技的自立自强和创新型国家建设提供强有力的智力支持和精神动力。丛书包括政策研究、理论研究、创新实务、创新普及四个系列,通过系统介绍经典和前沿的理论、方法、工具和优秀案例,为政府创新政策制定者和实施者、大学工程技术及科技与经济管理专业师生、科研院所研究人员、企业管理者和研发人员,以及广大读者提供权威的指南和实务参考。

我们认为,在经济全球化的背景下,我国的自主创新必须也必然是开放合作条件下的自主创新。丛书将在系统推出国内创新成果的同时，积极引进出版国际上经典和前沿的创新著作。

随着中国进入现代化建设新阶段，我国经济已进入高质量发展时期。改革开放四十多年的实践产生了一批具有中国特色的优秀创新管理理论成果，中国特色的创新制度体系和理论体系正逐步形成并在全球产生日益重要的影响。同时，越来越多的优秀创新型企业以其卓越的产品和服务向世界展示中国的崭新形象。认真而系统地组织和筛选优秀理论成果和实践案例，向世界讲好中国的创新故事，是我们的责任。

为确保丛书的出版水平，我们邀请了中国科学院科技战略咨询研究院研究员顾淑林，中国科学技术发展战略研究院院长、研究员胡志坚，浙江大学社会科学学部主任、教授吴晓波等国内从事创新政策、创新理论研究的知名学者以及优秀青年学者、企业家，组成了丛书编辑委员会，进行丛书的选题论证策划和学术把关，以期能够保证高质量地满足读者的需要。

作为中国出版的"国家队"——中国出版集团的一员，我们将竭尽所能高质量地做好丛书的编辑和出版工作。

丛书将分辑出版。第一辑包括《牛津创新手册》《剑桥创造力手册》《创新的先知：熊彼特传》《研发组织管理：用好天才团队》《用户创新：提升公司的创新绩效》等精品力作。

期待丛书的出版能为我国的现代化建设和新时期高质量发展，

为我国科技自立自强和创新型国家建设,起到助推的作用,竭尽一份绵薄之力。

东方出版中心

2021 年 3 月

译　者　序

在当今市场竞争愈发激烈的情况下,企业迫切需要找到高效率、系统化的创新途径,以使得它们能迅速地开发和推广新的产品和服务。基于技术推动的创新在高速变化的社会面前显得十分无效。我的导师——美国麻省理工学院的冯·希普尔教授在很早以前就提出了"用户是创新者"的革命性观点,认为在众多创新利益共同体中,用户——特别是领先用户(lead user),将更多地参与并促进创新。当用户预计创新的收益超过成本时,他就可能进行创新。用户越期望从所需的新颖产品或工艺中受益,他就越可能投入更多资源进行创新活动,他的投资也就越有可能得到回报。相对于节省的交易成本、时间以及从自行创新过程中获得的成就感而言,在许多场合下用户从事产品开发的成本可以忽略不计。研究证明,用户创新在很多领域都存在,但主要由用户群体中的领先用户发起。例如,在德国的户外体育运动器材的领先用户中,有10%会自行改进器材或者制作全新的器材。由于德国的体育用品消费者成千上万,因此仅在这一个领域的用户创新数量就非常惊人。所以,确定领先用户是厂商发展用户创新群体的先决条件。

冯·希普尔教授将具有以下两个特征的个人或厂商定义为"领先用户":

1. 领先用户对新产品或新的服务有需求，这种需求在一段时间之后会被大多数人所接受，从而在市场上普及开来；

2. 领先用户不能或不愿等到新产品或服务慢慢成熟，他们经常主动地提出能满足自己需要的解决方案，提前开发新产品或服务。

通过应用领先用户研究方法，企业能够更加高效和成功地进行产品和服务创新，不断提高创新能力，获得持续的竞争优势。

冯·希普尔教授在《用户创新：提升公司的创新绩效》这一创新领域的杰出著作中，进一步认为随着知识经济时代的到来以及先进技术的大量涌现，用户创新将进一步得到发展。企业不应努力寻求它们的用户到底需要什么样的产品，而应该给予用户一定的工具，让他们设计和开发属于自己的产品，从细微的修改到重大的创新，都可以由用户自己完成。厂商通常将这些工具集成到一个工具包（用户创新工具箱），其中有的工具箱还设置了计算机模拟和快速构造原型的功能，使得产品开发更加迅速，成本更加低廉。这是因为今天少数领先用户的创新也许明天就会成为大众需求——特别是当领先用户有条件进行创新、能够进行"干中学"的实践并有可能将他们的创新成果推广时，这种情况更可能发生。由于厂商不可能像消费者自己那么清楚用户需求，而且即使了解了用户需求，厂商也未必有足够的动力去满足这些需求：除非用户的需求达到一定规模，否则厂商不会为之进行产品开发，所以在某些产品和服务开发的过程中，由用户自行创新（至少承担部分的产品开发任务）或者用户与厂商联合创新，是相当合适的。

冯·希普尔教授认为,较之几百年来的商业主流——以制造为中心的开发体系,用户创新模式有很大的优势:

- 能更好地满足用户细致复杂的需求,因为用户肯定比厂商清楚自己的需求;

- 用户可以在自己的地方开发产品,所以整个设计过程大大加快;

- 如果用户遵循了工具箱的规则(而且所有的技术缺陷都已经解决),他们的设计可以一次成功,大大节省了同厂商的交易成本。

这样,创新主体发生了变化。在用户创新模式中,创新的主体不再是企业,而是产品的消费者。设计、开发、构建原型、反馈等传统产品开发中的往复过程都在用户端进行。

用户参与设计给企业的创新过程带来巨大的震荡。首先,创新动机发生了变化。在产品创新和服务方面,厂商就好像用户的"代理人",其职责就是根据用户的需求来开发产品,他们自身很少需要这些产品。如果厂商的想法与用户不一致,用户就不会继续支付"代理费用"。而且厂商要将开发成本转嫁到尽可能多的用户身上,所以他们开发产品总是力图能够引起多数消费者的购买行为。在用户创新模式下,用户进行产品开发的动机完全是出于自身的需要,而且开发产品是以完全满足自己的需求为原则,很少会想到以此来引起其他用户的购买行为。

其次,厂商和用户的界面发生了变化。传统产品开发模式中,厂商交给用户的是产品原型,通常情况下不会是一个完全成熟的设计方案;用户回馈给厂商的是自己关于产品原型的看法,是厂商在下一版产品中需要融入的信息。而在用户创新模式下,厂商交给用户的是进行产品开发所必需的工具,而且通常封装成工具箱;用户交给厂商的就是几乎完全成熟的设计方案,厂商无须再对其作重大调整。

第三,在价值创造活动中的责任发生了变化。在传统模式下,厂商承担了几乎所有的产品开发责任和风险,用户只是被动地参与到产品创新过程中;在用户创新模式下,产品开发的责任部分地转移到了用户端,用户可以完全根据自己的需要主动地进行产品创新活动,厂商关注的重点也不再是设计尽善尽美的产品原型,而是提供功能强大的工具箱。

传统模式下,创新成果由厂商掌握,他们可以轻易地控制价值流;而在用户创新模式下,厂商对用户开发的产品很少有甚至完全没有控制权。如果个人用户能够在生产和扩散方面与商业化的生产与分销相抗衡,那么用户就可以自由支配创新成果。当今社会已经进入信息时代,许多"信息产品"——软件的价值所在就是源代码,用户只需按一下按钮,就可以将他们自制的程序在网络中广为传播。个人用户不用亲自开发所需的每一样东西,他们可以从他人的免费共享的创新中受益。当然,在多数物质产品领域,由于厂商强大的生产能力以及有着显著规模经济性的分销渠道,用户创新成果还不能完全脱离他们。

将创新业务移交给用户可以加速产品开发,更好地满足用户需求,用户创新群体的出现使得市场发生着翻天覆地的变化。让用户成为创新主体改变了企业和用户的地位,改变了价值创造及转移的途径。使用户创新得以进一步实现的途径是向用户提供用户创新工具箱,在提供工具箱的同时,也应调整经营管理模式,才能适应工具箱的广泛应用所带来的影响,才能在用户创新的潮流中获得持续的竞争优势。

随着互联网技术的迅速发展以及民众消费层次和个性化市场需求的不断上扬,国民科技知识的不断普及,冯·希普尔教授提出的"民主化创新",即用户创新思想将更有价值,也将对中国企业的创新模式提出新的挑战!用户创新将成为企业管理的新航标!

陈 劲

清华大学技术创新研究中心主任,教授

2021 年 3 月

致　　谢

在我进行民主化创新（Democratizing Innovation）（即用户创新，编者注）研究的早期，我就非常幸运地遇到了5个重要的导师和朋友：内森·罗森伯格（Nathan Rosenberg）、理查德·纳尔逊（Richard Nelson）、维·格里利奇斯（Zvi Griliches）、埃德温·曼斯菲尔德（Edwin Mansfield）和安·卡特（Ann Carter），当我用经济学来作为我的著作的组织框架和工具时，他们为我提供了关键性的支持。后来，我与许多出色的研究者合作，他们也都是我的朋友：斯坦·芬可斯坦（Stan Finkelstein）、尼古拉斯·法兰克（Nikolaus Franke）、迪特马尔·哈霍夫（Dietmar Harhoff）、乔希姆·汉克（Joachim Henkel）、科尼内留斯·赫斯塔特（Cornelius Herstatt）、拉尔夫·卡茨（Ralph Katz）、吉尔格·冯·克劳（Georg von Krogh）、卡尔姆·拉卡尼（Karim Lakhani）、加里·利连（Gary Lilien）、克里斯汀·卢杰（Christian Luthje）、帕梅拉·莫里森（Pamela Morrison）、威廉·雷各斯（William Riggs）、约翰·罗伯特（John Roberts）、斯蒂芬·施拉德（Stephan Schrade）、玛丽·宋内克（Mary Sonnack）、斯特凡·汤克（Stefan Thomker）、玛茜·泰尔（Marcie Type）和格兰·厄本（Glen Urban）。其他杰出的研究合作者和长期的朋友包括卡丽斯·鲍德温（Carliss Baldwin）、索纳里·沙（Sonali Shah）、莎拉·斯洛特（Sarah

Slaughter)和拉斯·杰普森(Lars Jeppesen)。

有时候，随着对研究主题兴趣的加深，研究者之间的关系会从双向的学术联系发展成一个真正的研究社团。在我的例子中，促成这个转变的最重要的人物是我的亲密朋友和同事迪特马尔·哈霍夫。最初他从他所在的大学——慕尼黑的路德维希马克西米利安大学(Ludwig Maximilians Universitat)派来了像哈彼坦德(Habilitanden)那样的一批杰出的助理教授，作为麻省理工学院的访问学者与我一起进行合作研究。他们在麻省理工学院时开始了对创新民主化的研究，回到欧洲后他们继续这项研究。现在，轮到他们培养其他人继续这项事业。

与工业界同仁的密切合作也使我获益良多。作为麻省理工学院创新实验室的主管，我与一些在实际的公司环境中开发和试用创新工具的公司高层创新管理人员一起工作。在这个领域里，我杰出的同事和多年的朋友包括美国必能宝公司(Pitney-Bowes)的杰姆·欧其纳(Jim Euchner)，3M公司的玛丽·宋内克和罗杰·莱西(Roger Lacey)，国际香料香精公司(IFF)的约翰·赖特(John Wright)，北电网络公司(Nortel Networks)的戴夫·理查兹(Dave Richards)，威瑞森通信公司(Verizon)的约翰·玛拉丁(John Martin)，阿帕奇基金会(Apache Foundation)的本·海德(Ben Hyde)，阿帕奇基金会和协作软件发展解决方案公司(Collab Net)的布莱恩·贝林多夫(Brian Behlendorf)，以及领先用户咨询公司(Lead User Concepts)的约翰·丘吉尔(John Churchill)和苏珊·希斯坦德(Susan Hiestand)。感谢你们在我们共同进行的现场试验中所提供的重要的(但通常是非常谦逊的)见解。

　　我也衷心感谢我的家庭与我分享快乐与学习体验。我的妻子杰茜(Jessie)是一名专业编辑,她非常出色地编辑了我的第一本著作。但是为了养育我们的孩子,对这本书,我们无法再继续合作了,希望读者们不会因此感到不适应。我的孩子们克里斯蒂安娜·达格玛(Christiana Dagmar)和埃里克·詹姆斯(Eric James)看着我为这本书而工作——事实上他们无法回避,因为我经常在家中写作。我希望他们能从中受到教育——学术研究事实上是很有趣的。当然,这也是我从我的父亲,亚瑟·冯·希普尔(Arthur von Hippel)那里得到的经验。当我还是个孩子的时候,他经常在楼上写他的研究著作,时而会下楼来到厨房冲杯咖啡。在这时,他会摊开双手说——并不针对谁,"为什么我要选择研究这么困难的问题?"但他看起来非常快乐。亲爱的爸爸,我看到了你的笑容!

　　最热切的感谢我留给了麻省理工学院以及那里的同事和学生——这里是一个真正激发人工作和互相学习的好地方。我们都明白进行好的研究和学习需要什么环境,我们都为创建支持学术研究的环境而努力。当然,新来的人们也总能够带来有意思的新想法,所以我们总是不断获得新的乐趣和学习成果。

目录

第五章

用户的低成本创新利基　*085*

第六章

为什么用户常常无偿公开创新　*105*

第七章

创新社团　*127*

第八章

为用户创新修订政策　*147*

第九章

创新的民主化　*167*

第十章

应用：寻找领先用户创新　*185*

第十一章

应用：用户创新和定制设计的工具箱　*205*

第一章

引言和概述

通过创新正在民主化这个提法，我想要表达的意思是，产品和服务的用户（user），无论是公司还是个体用户，都越来越善于为他们自己的利益进行创新。以用户为中心的创新过程越来越体现出其优势，现在已经超过了数百年来一直作为商业主流的、以制造商为中心的创新开发系统。进行创新的用户可以准确地开发自己所需要的事物，而不需要依赖制造商作为他们的代理人（这样做通常存在许多缺陷）。而且，个体用户并不需要开发他们所需要的每一件事物，他们可以利用其他创新者的开发成果并乐意与他人无偿共享自己的创新成果。

这种创新民主化的趋势既适用于信息产品，如软件，也适用于实物产品。我们就后者举一个简单的例子——夏威夷的一个非正式的用户群体开发的高难度风帆冲浪表演运动技术装备。高难度的风帆冲浪表演需要运用特技技术，如在空中跳跃、空翻和旋转。高难度风帆冲浪表演的先驱，拉里·斯坦利（Larry Stanley）曾经向索纳里·沙（Sonali Shah）描述了风帆冲浪技术和装备开发中重大创新的过程：

1978 年，乔根·汉斯切尔德（Jürgen Honscheid）从前联邦德国来夏威夷参加第一届世界杯赛时，他第一次看到风帆跳跃——虽然在 1974 年、1975 年迈克·霍根（Mike Horgan）和我都已经做过（这一动作），但这对乔根·汉斯切尔德而言还是新鲜事。我们热衷跳跃，所有人都试图跳得越来越高，超过其他人。但困难在于，由于没有办法把自己固定在冲浪板上，冲浪者会从半空中飞出去,造成脚、腿受伤,冲浪板也容易损坏。

后来我想起了一块冲浪板,那是我们制作的一块附有脚套的试验用的小冲浪板,在我们看来,"它太笨重了,根本无法用于跳跃"。但是,当我首次利用脚套进行跳跃时,我发现可以控制飞行了。速度是如此之快,完全超乎我的预想,而且与海浪撞击时,就像摩托车手从斜坡上直冲下来,腾空之时,人就在空中飞行。在转瞬之间,你不仅能够在空中飞行,而且还可以着陆,甚至还可以在空中改变方向!

真正的高难度风帆冲浪表演,事实上就是从那时开始的。自从我完成了这个动作之后,在我们这些始终在一起活动的十来个人中,每隔一两天就会出现带不同脚套的各种冲浪板。冲浪板的制作越来越精良,让我们在浪尖上愈发自如地跳跃、旋转。创新产生的效果,就像滚雪球一样,不断增大。

到 1998 年,风帆冲浪运动有了数百万爱好者,市场上销售的许多冲浪板整合了用户开发的用于高难度表演的创新成果。

从刚才的描述中我们可以看出,以用户为中心的创新过程与传统创新模式形成了鲜明的对比。在传统模式下,制造商以封闭的方式开发产品和服务,使用专利、版权和其他保护措施来阻止模仿者免费享用他们的创新成果。在这种模式中,用户唯一的功能是产生需求,随后制造商会识别需求,并且通过设计和推广新产品来满足需求。然而,越来越多的实证研究表明,用户是许多——也许是绝大部分工业品和消费品的第一个开发者。而且，随着计算机和通信技术能力的持续提高，用户在创新中的贡献在稳固地增长。

在本书中，我将详细阐述这种新出现的、以用户为中心的、民主化的创新将如何发挥作用。我也将解释用户创新究竟如何成为制造商创新的补充和来源。

这种发展中的用户创新非常引人注目。对许多用户而言，通过自己的设计来准确地获得所需要的产品变得越来越简单。此外，用户创新看来也可以增加社会福利。与此同时，这种产品开发活动从制造商向用户的转变，对许多制造商而言则是痛苦的、麻烦的。开放、分散的创新正在"冲击"社会劳动力分工的主要结构。许多公司和产业不得不对长期保持的业务模式进行根本改变，以便适应这种变化。政府的政策和立法有时会偏向支持制造商创新。基于社会福利方面的考虑，需要改变这种现象。知识产权系统的工作方式受到了特别的关注。尽管存在一些困难，民主化的、以用户为中心的创新系统，看起来非常值得我们为之而努力。

本书所讲到的用户（user），是指希望从产品和服务的**使用**中获利的公司或个人消费者。相反，制造商则希望通过**销售**产品和服务获利。公司或个人与不同的产品或创新可以有不同的关系。例如，波音公司是一家飞机制造商，但它同时也是机床的用户。当我们讨论波音对用于对外销售的飞机进行创新时，我们认为波音是制造商创新者。但当我们讨论波音对用于企业内部制造飞机的机床进行创新时，我们可以将机床归类于由用户开发的创新，而将波音公司归类于用户创新者。

创新用户和创新制造商是创新者和创新之间的两种一般的"功能"关系。(创新)用户的特点是他们单独从创新中**直接**获利;而其他人(在这里通称为"制造商")必须将与创新相关的产品或服务间接或直接出售给用户,才能从创新中获利。因而,为了获利,发明者必须销售或许可创新相关的知识,而制造商必须出售整合了创新的产品或服务。相似地,与创新有关的材料或服务的供应商——除非他们直接应用创新——必须销售材料或服务而从创新中获利。

按用户和制造商划分创新者和创新之间的关系也可以扩展到产品或服务的具体功能、性质和特征上去。这样就可以发现特定产品的不同部分与不同特征相联系。例如,家庭成员使用家用电灯开关的开、关功能——用它来开灯、关灯。然而,开关还具有其他特征,如"安装简单",这个特征只有在电工安装电灯时才能用到。因此,如果电工去改进开关的安装特征,就可以认为是用户开发的创新。

以下是对本书内容的概述。

领先用户的产品开发(第二章)

许多实证研究表明,很多用户参与产品开发与改良,这个比例已经达到了 10%~40%。这些研究中的半数并不是为了研究创新频率而专门设计的，而是出于其他目的。但是，将这些研究综合起来，就能得到很明确的结论：用户正在许多领域进行有关产品改良与开发的**大量**活动。

对创新用户的研究（包括个体和公司）表明，这些用户具有"领先用户"（lead users）的特征。即，他们在一个重要的市场趋势中，比用户群体的主流领先一步，而且他们为了满足自己的需求，期望从一个解决方案中获取相对较高的收益。研究发现用户创新与领先用户特征之间的相关系数很高，效应非常显著。

由于领先用户在重要的市场趋势中处于市场的前端，所以我们可以预期，许多由他们自己开发、供自己使用的新产品也会吸引其他用户，即，他们可以为愿意将创新产品商业化的制造商提供基础。事实已经证明了这一点。研究表明，许多由领先用户所报告的创新具有商业吸引力，并且/或者已经被制造商商业化了。

研究发现为这些实证结果提供了坚实的基础。领先用户的两个定义性特征与他们开发全新产品或改良产品的可能性之间存在高度相关性（Morrison et al.，2004）。另外，创新者表现出领先用户特征的程度越高，领先用户创新的产品的商业吸引力越大（Franke & von Hippel，2003a）。在图 1－1 中，创新密集程度的增加正是表明了具有高领先用户指标值的用户进行创新的可能性越高。从左到右，平均创新吸引力的增加表明领先用户开发的创新通常有更大的商业吸引力（创新吸引力是创新的新颖性以及预期未来市场需求普遍性之和）。

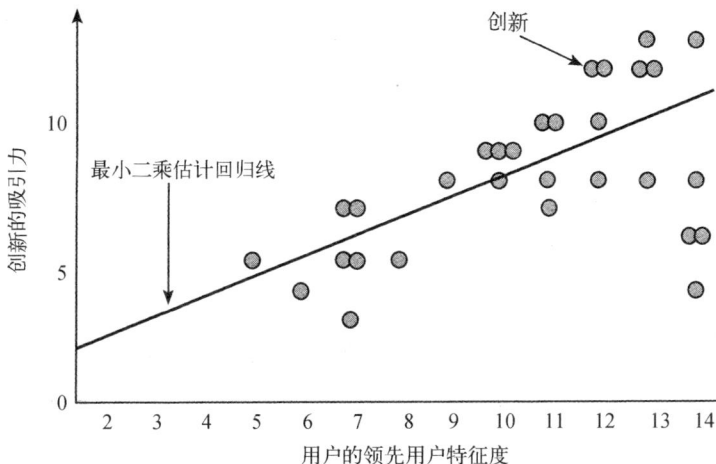

图 1-1　领先用户与创新的吸引力

具有较强"领先用户"特征的用户创新者所开发的创新在普通市场具有较高的吸引力。最小二乘估计的回归函数为：$Y=2.06+0.57x$。这里 Y 代表创新的吸引力，x 代表被调查者所具有的领先用户特征程度。矫正的 $R^2=0.281$；$p=0.002$；$n=30$。数据来源：Franke & von Hippel，2003。

用户为什么需要定制
产品（第三章）

　　为什么有这么多的用户为了自己使用而开发或改良产品？如果当用户需要某种事物但无法在市场上得到时，他就可能进行创新，他愿意并且有能力投资自己的开发活动。许多用户可能无法在市场上找到他们所需要的事物。市场细分研究的元分析表明，在许多领域中，用户对产品的需求是有很大差异的。

大部分制造商都倾向于为充分满足具有较大市场份额的需求而开发产品，以便吸引大多数顾客购买并获取大量利润。当用户的需求有差异时，这种"以少量型号满足所有人"的战略可能使许多用户对市场提供的商业产品不太满意，甚至可能让有些用户觉得非常不满意。在一项针对阿帕奇网络服务器软件安全性能的用户样本的研究中，法兰克和我（Franke & von Hippel，2003b）发现用户具有非常特殊的需求，许多人愿意支付较高的费用以准确满足他们的需要。19%的样本用户实际上进行了创新以使得阿帕奇软件更符合他们的需求；研究发现，那些进行了创新的用户明显更满意。

用户的"创新—购买"决策（第四章）

既然许多用户需要"完全正确的产品"，愿意并且有能力为产品的开发付费，那么为什么用户经常自己动手，而不是付费让定制制造商为他们开发一个特殊的、正好合适的产品？毕竟，定制制造商在为一个或者少量用户进行产品开发方面比较专业。正因为这些公司是专家，所以与用户自己进行创新相比，他们能够更快、更好、更廉价地为公司用户和个人用户设计和生产定制产品。尽管这样做的确可行，但还有不少因素会促使用户自己进行创新而不是购买产品。不管是公司用户还是个人用户创新者，代理成本在其中起了重要作用；

在个人用户创新者的情况下,从创新过程中体验到的快乐可能也很重要。

在代理成本方面,当用户自己开发产品时,可以确保满足自己的最大利益。但当用户付费让制造商开发定制产品时,情况就复杂多了。此时,用户就是委托人,委托定制制造商作为代理人。如果委托人和代理人的利益不一致,就会产生代理成本。一般而言,代理成本是指:(1)对代理人的监督,确保它(他,她)满足委托人的利益而发生的成本;(2)代理人监督自身使其行为符合委托人的利益要求而发生的成本("忠实履约成本");(3)结果并没有充分满足委托人利益而发生的相关成本(Jensen & Meckling, 1976)。在产品和服务开发的具体案例中,用户和定制造商之间的利益确实存在重大分歧:用户希望在能负担得起的前提下尽可能精确地满足他们的需求;而定制造商希望通过利用已有的问题解决方案元素和预计未来其他人会需要的解决元素相结合来解决问题——即使这样做使得方案无法完全满足当前顾客的需要——从而降低它的开发成本。

用户可能希望能保留他的需求的每一个细节,因为这些细节可以让他们的解决方案在所能接受的价格范围内具有尽可能高的质量。例如,一名个体用户可能对登山靴提出具体要求,这样可以精确地适合他独特的登山技术,使他更容易攀登珠穆朗玛峰。登山靴设计上的任何一些偏差都以需要他在谨慎的登山实践和已经根深蒂固的登山技术方面作一些调整为代价——这对用户而言是一种成本更高的解决方案。相反，对于制造商而言，他有强烈的动机利用其现有的和预期未来会使用的材料和工艺，即使这样生产的登山靴无法很好地满足当前顾客的需要。其最终结果是，当只有一个或少数几个用户需要特殊的产品时，他们通常通过自己创新以获得最好的效果。

第四章随后提出了一个创新—购买决策的小模型。这个模型用定量的方式表明具有特殊需要的公司用户为自己开发新产品效果通常会更好。它也表明，当有 n 个或更多的公司用户需要同样的事物时，通过制造商开发是最经济的选择；但是当需要同样事物的公司用户在 1 和 n 之间时，制造商认为为这些少量的用户开发新产品无利可图。在这种情况下，不止一个用户可能会独立开发同样的新产品，这正是市场失灵的体现。从社会福利角度看，这会导致资源的浪费。这个问题可以通过新的组织形式，如用户创新社团来解决，关于用户创新社团我们将在本书的后面进行讨论。

第四章的结尾指出另外一个驱使个体用户创新者选择创新的动机：他们看重创新过程给用户带来的快乐和学习效应，他们认为创新**过程**是有价值的。这看起来有些不可思议，用户创新者可能因为非常喜欢产品开发的过程，所以希望自己亲自去做——毕竟，制造商是付工资给他们的产品开发人员去做这样的工作！另一方面，解决问题所带来的快乐显然至少在某些领域里是许多个人创新者解决问题的动机，例如，你可以想想数百万的填字游戏爱好者。显然，对这些人而言，解决问题的过程所带来的快乐才是他们的目标，而不是问题的答案。测试这一点非常容易：试试看给那些填字游戏爱好者一个完整的谜底——这正是他或她如此努力所希望获得的,但你很可能被拒绝并被埋怨,因为破坏了他们的乐趣! 乐趣作为一个动机也适用于开发具有商业用途的创新。对那些将得到广泛应用的软件产品的源代码自愿贡献出来的人的动机进行的研究表明,这些个体同样受到在工作中所体验到的快乐和学习成果的激发来进行创新(Hertel et al.,2003;Lakhani & Wolf,2005)。

用户的低成本创新利基(第五章)

对产品和服务开发基本过程的探索表明,用户和制造商倾向于进行不同**类型**的创新。其中部分原因是因为信息不对称:用户和制造商通常了解不同的信息。为了进行成功的开发,产品开发者需要了解两种类型的信息以便成功完成创新:需求及使用环境信息(用户产生的)和一般性的问题解决方案信息(通常是专攻某个特定类型的解决方案的制造商首先创造的)。将这两种类型的信息结合在一起并不容易,需求信息和方案信息通常都是非常"黏滞的(sticky)",即,将它们从信息产生地传递到其他地方的代价很高。结果,用户往往可以创造出比制造商更正确、更详细的需求模型,而制造商在他们所专长的领域可以比用户开发出更好的解决方案模型。

当信息具有黏滞性时,创新者通常会在很大程度上依赖他们已经拥有的信息。这种用户和制造商之间信息不对称的结果是,用户倾向于开发具有全新功能的创新,这种创新过程需要大量的用户需求和使用环境的信息;相反,制造商倾向于完善已有的人们熟知的性能,这种创新需要对问题解决方案信息有丰富的了解。例如,使用存货管理系统的公司——如零售商——倾向于开发新的存货管理方法;相反,存货管理系统和设备的制造商,倾向于对应用了这些用户发明的方法的设备进行改良(Ogawa,1998)。

如果我们将信息不对称论点往前发展一步,我们会发现信息黏滞意味着个体用户和制造商之间所拥有的信息也是不同的。有些特定用户(或者有些特定制造商)所拥有的信息资产与开发某个特定创新所需要的信息密切相关,所以对于那些用户或制造商而言,创新成本会相对较低。其最终结果是,由于用户信息禀赋的不同,用户创新活动分散于多个用户之间。从创新的角度看,一个用户绝对不会是另一个用户的完美替代者。

为什么用户常常无偿公开创新(第六章)

如果个体用户以某种方式向他人推广自己开发的创新,那么就会提高个体创新的社会效应。制造商创新者在公开市场上销售他们的产品或服务时**部分地**实现了这一点(这里说部分是因为他们推广的产品中包含了创新,但通常并没有包含其他人可以充分理解和复制这个产品所需要的所有信息）。如果用户没有以某种方式推广他们所做的创新，那么，具有相似需求的其他用户不得不独立地开发相似的创新——这从社会福利的角度看是一种对资源的低效利用。实证研究表明，用户以一种非常意外的方式实现了创新的广泛传播：他们经常"无偿公开（freely reveal）"他们所开发的创新。当我们提到创新者无偿公开他们所开发的产品和服务的相关信息时，我们指的是创新者自愿放弃信息的所有知识产权，任何一方都可以平等地获得这些信息——也就是说，这些信息成了公共物品。

用户经常无偿公开创新这一实证发现对创新研究者而言非常不可思议。从表面上看，如果用户创新者的专有信息对其他人有价值，研究者认为用户会努力防止他们以私人成本为代价开发的创新无偿扩散，而不是将其提供给他人免费使用。然而，现在很清楚的是，个体用户和企业用户——有时也包括制造商——经常无偿公开有关他们创新的详细信息。

"开源"软件开发过程中所看到的实际情况对理解这种现象非常重要。在这些项目中，有一条明确的**规则**：项目贡献者必须固定地、系统地无偿公布他们以私人费用开发的源代码（Raymond, 1999）。不过，无偿公布产品创新的历史要比开源软件早得多。艾伦（Allen, 1983）关于18世纪制铁业的研究，可能第一次系统地考察了这种现象。莱特和卢沃拉瑞（Later & Nuvolari, 2004）则研究了早期矿井抽水蒸汽机方面的无偿公开案例。同时期其他用户无偿公开创新的例子也被许多研究者所记录：我和芬可斯坦（von Hippel & Finkelstein，1979）关于制药业，立姆（Lim，2000）关于半导体加工设备，莫里森、罗伯特和我（Morrison，Roberts & von Hippel，2000）关于图书馆信息系统，法兰克和沙（Franke & Shah，2003）关于运动器械的研究。汉克（Henkel，2003）记录了内置 Linux 软件的制造商们的无偿公开行为。

创新者通常无偿公开创新是因为这对他们而言是最佳或唯一可行的实践方式。将创新作为商业机密来长期隐藏不可能成功：有太多的人大概知道相似的事物，其中一些"秘密"信息的拥有者认为无偿揭示他们所知道的信息不会带来损失或几乎没有损失。研究发现，在许多领域中，创新者认为专利的价值有限。版权保护和版权许可只适用于"作品"，如书、图像、计算机软件。

我们可以预期创新者会主动努力地无偿公开——而不是默默接受——创新，因为无偿公开在给创新者带来损失或风险的同时，给创新者提供了重要的私人收益。无偿公开他们所做的一切的用户经常发现其他人随后会完善创新或提出完善建议，这是互利的（Raymond，1999）。无偿公开工作成果的用户也可以从声誉的提高、创新扩散而带来的积极的网络效应以及其他因素中获得收益。成为一项特定创新的第一个无偿公开者也可以增加所获得的收益，因此可能实际上会存在尽早公开创新的现象，许多人，如科学家会尽早地公开信息，以便获得与成为第一个创新者相关的收益。

创新社团（第七章）

用户创新通常是分散的,并不是集中于少数的极具创新能力的用户。因此,用户创新者很有必要寻找途径来将他们的努力结合起来,并使其发挥杠杆作用。用户可以通过多种形式的合作来实现这一点。直接的、非正式的用户—用户合作(帮助他人创新、回答问题等)很常见。有组织的合作同样很常见:用户在网络和社团形式下联合起来,这种网络或社团为他们之间的相互作用和创新的扩散提供了非常有用的组织和工具。在创新社团中,用户,也包括制造商,可以开发、检验和扩散他们的创新,从而提高速度和效率;他们也可以利用社团参与者所创造的可以相互连接的模块来创建更大的系统,从而增加了创新的便利性。

自由和开源软件项目是一个发展相对比较完善的、比较成功的基于互联网的创新社团。但是,创新社团绝不仅限于软件业,甚至绝不仅限于信息产品,它在实物产品的开发中也起到了重要作用。法兰克和沙(Franke & Shah,2003)记录了体育器材用户创新社团对用户创新者在开发实物产品中所发挥的作用,发现与开源软件创新社团有明显的相似性。

传统的关于集体或社团努力提供公共物品——即无偿公开的创新——的研究是基于"集体行动"理论。但是,现在的创新社团所表现出来的行为看来无法与该理论的主要观点相对应。实质上，在吸引和奖励成员方面，创新社团看来比该理论所预期的要更稳定。吉尔格·冯·克劳和我将此归因于创新贡献者可以从中获得一些私人的奖励，而这些奖励是无法与免费享用者（那些没有任何贡献的）共享的。例如，用户创新者开发并无偿公开的产品可能更适合用户创新者自身的需求而不太适合免费使用者的需求。创新社团因此证明了有关创新动机的"私人－集体"模型（von Hippel & von Krogh, 2003）。

为用户创新修订政策（第八章）

用户创新是"好事"吗？福利经济学家通过研究这个现象或变化对社会福利的影响来回答这个问题。汉克和我研究了用户创新的社会福利意义。我们发现，相对于只有制造商创新的世界，用户无偿公开创新的出现很可能会提高社会福利。这个发现暗示必须制定政策支持用户创新，或者至少确保立法和管理不要以牺牲用户创新为代价来支持制造商。

政策制定过程要在用户创新与制造商创新之间保持中立，这个变革很重要。考虑一下过去的和现在的政策决定对开放、分散创新的影响。过去30年的研究使得许多学术界人士认为，知识产权法有时甚至没有实现它所要达到的效果。知识产权法的目的是增加创新投资的数额,但现在,在专利和版权中都存在范围经济效应,使得公司可以以直接与政策制定者的意图和公共福利相对立的方式来使用这些形式的知识产权。大公司可以投资开发大量的专利组合,然后就可以用这些专利组合来创造"专利丛杯(patent thickets)"———一个专利主张的密集网络,他们就可以在一个宽泛的知识产权范围内以似是而非的理由进行诉讼威胁,以便阻止他人以优惠的条件引入更好的创新并且/或者从较弱的竞争者那儿获取许可(Shapiro, 2001)。电影公司、出版社、软件公司也可以因为类似的目的而收集大量的版权作品(Benkler, 2002)。基于用户创新的分散性特质,用户创造的知识产权一般相对较少,所以以用户在这种战略下可能没有优势。

注意用户(和制造商)倾向于利用市场上已有的产品进行改良,经济地制作能满足新目标的创新原型,这同样很重要。旨在防止消费者非法复制受保护著作的相关法规,如美国的《千禧年数字著作权法(*Digital Millennium Copyright Act*)》,也可能会有未曾预料的副作用——阻止用户修改他们所购买的产品(Varian, 2002)。不管是从公平性还是从社会福利的角度考虑,创新的相关政策在创新源泉方面应保持中立。

用户创新目前的障碍也许可以通过立法或政策制定来解决,但可以预见现有的法规和政策的受益人会阻止改革。幸运的是,避开其中部分问题的方法就在创新者手中。假设某个特定领域的许多创新者决定无偿公开他们所开发的创新——因为他们经常有理由这样做,在这种情况下,用户可以集体创建信息公地(information commons）（向所有人无偿公开的信息的集合），信息公地中包含了一些或者许多私有知识产权的替代品；那么，用户创新者可以简单地通过使用无偿公开的替代品而避开知识产权法的约束（Lessig，2001）。这正是软件领域正在发生的事情。对于许多问题，软件领域的用户创新者可以自由选择：选择微软公司或其他公司提供的专有闭源软件，或者选择可以从互联网合法下载、允许合法修改以满足自己需求的开源软件。

制定力求使用户和制造商公平参与创新的政策，会促使制造商进行更多的变革，但这绝不意味着摧毁它们。在开放、分散创新比较领先的领域的相关经验表明，制造商能够适应这一变革。例如，尝试提供专有的平台产品，为用户创新者提供一个开发和使用用户创新的工作平台。

创新的民主化（第九章）

随着计算机软件和硬件质量的稳步提高、容易使用的创新工具和创新组件的发展与创新公地的逐渐丰富，用户创新的能力有了越来越**根本**、越来越**快速**的提高。今天，公司用户甚至个体爱好者都可以获得精密的软件设计工具以及硬件和电子产品的 CAD 设计工具。这些基于信息技术的工具可以在个人计算机上运行，并且它们的价格在快速下降。其结果是，尽管需求的差异性以及投资获取精确产品的意愿保持恒定，用户创新将持续增长。

上面提及的创新资源平等性对公司内的一小部分人而言很久以前就实现了。公司内的高级设计师很久以前就配备了在他们直接管辖下的工程师和设计师,还拥有快速制作和检测原型所需的其他资源。在其他领域里,包括汽车设计和服装设计,也存在同样的事实:你只要想一下那些为顶级汽车设计师所配备的工程师和模型制作师,正因为如此他们才可以快速地完成和检验设计方案。

但是,正如我们看到的,如果创新所需要的信息主要是分散存在的,那么传统的将创新支持资源集中于少数几个人的模式就会非常无效,高成本的创新支持资源无法有效地配置给"拥有正确信息的正确的人":在他们开发出具有普遍价值的创新之前,很难知道这些人到底是谁。当高质量的设计和原型制作资源成本很低时(这正是我们所描述过的趋势),这些资源就可以广泛扩散,就会显著减少配置问题,其最终结果是创新机会的民主化。

公平参与创新时,用户会成为越来越重要的创新源,将越来越多地成为制造商创新活动的替代或补充。在信息产品领域,用户已经能够不依赖制造商的服务而大部分或完全实现创新的目的。开源软件项目就是实在的例子,它告诉我们,在用户创新社团中,用户能够独立地为自己创造、生产、扩散、提供用户现场支持、升级、使用的复杂产品。在实物产品领域,用户产品开发可以发展到能大部分或者全部替代制造商产品开发——但不是产品制造(产品制造和销售的规模经济性使得制造商在这些方面比"自己做"的用户更有优势)。

风筝冲浪运动中产品开发的发展轨迹可以展示用户如何取代制

造商成为产品开发者。在那个领域，与风筝冲浪装备供应商企业的内部开发水平相比，用户创新团队的集体产品设计和检测工作无论在质量上还是在数量上都明显略胜一筹。因此，这种装备的制造商越来越多地脱离了产品设计，而集中于生产由用户创新社团率先开发和检验的产品设计。

制造商如何能够或者应该怎样适应用户对其传统业务活动元素的蚕食？大致有三种可能：(1)生产用户开发的产品，进行普遍性的商业销售，并且/或者为特殊的用户提供定制生产；(2)销售产品设计工具箱和/或"产品平台"以便用户可以更简便地完成创新任务；(3)销售与用户开发的创新互补的产品或服务。那些处于用户产品设计非常活跃的领域的公司，已经开始试验所有这三种可能。

应用：寻找领先用户
创新(第十章)

制造商根据他们所认为的有效流程来设计他们自己的创新流程。绝大部分的制造商仍然认为产品开发和服务开发总是由制造商完成的，他们的工作通常是发现一项需求然后满足它，而不是时而发现领先用户已经开发的创新并将它商业化。因此，制造商设立了市场研究部门来研究目标市场的用户需求，随后由生产开发小组来设计发明能满足这些需求的合适产品。领先用户的需求和原型方案——即使碰到了——通常会被制造商认为是局外人的东西而不感兴趣。事实上,即使领先用户的创新进入了公司的生产线——并且已经成为许多公司众多重大创新的实际来源——它们通常也是滞后的,并且以非传统的、不系统的方式进入。例如,只有当创新的公司用户希望大量生产以满足自己的需求而联系制造商时,制造商才可能"发现"一个领先用户创新;或者制造商所聘用的销售或服务人员访问顾客所在地时可能会发现一个有吸引力的原型。

将公司创新流程调整为系统地搜寻领先用户创新并对其进行进一步开发,可以为制造商提供一个与真正起作用的创新流程接触的机会,并可以提高绩效。3M 公司实施的一项自然实验证实了这种可能。据 3M 公司管理层保守地预测,领先用户项目产品创意的预计年销售收入是以传统方式开发的新产品的 8 倍——分别为每年 1.46 亿美元和 1 800 万美元。另外,研究发现领先用户项目产生的是全新产品系列的创意,而传统的市场研究方法产生的是对现有产品系列的渐进改良。结果,3M 分配给领先用户项目创意的资金是过去 50 年来分配给重大产品系列中最高的(Lilien et al.,2002)。

应用:用户创新和定制设计的工具箱(第十一章)

理解分散的创新流程以及用户在其中的作用的公司可以通过改

变相关因素,以有利于自身的方式来影响领先用户创新,并影响它的比率和方向。为用户创新定制的设计工具箱就是一条可行之路。这个方法将产品开发和用户开发项目分割成解决方案信息密集的子任务和需求信息密集的子任务。需求信息密集的子任务可以分配给用户,并提供给用户能帮助他们有效完成其任务的工具箱。由此带来的信息黏滞和解决问题活动的协同,使得用户可以比较廉价地在特定工具箱提供的问题解决空间内进行创新,工具箱因此对他们具有吸引力,从而影响他们的开发内容以及开发方式。定制半导体业是一个较早采用工具箱的行业。在 2003 年,价值超过 150 亿美元的半导体是用这种方法设计的。

采用工具箱方式支持和引导用户创新的制造商通常面临着自身业务模式的重大变革,以及随后的产业结构的重大变革。例如,作为将工具箱引入半导体制造业的结果,定制半导体的制造商——从前向顾客提供设计和制造服务——将许多设计定制产品的工作留给了顾客。于是,许多制造商转变成了专门的硅制造厂,主要提供生产服务。制造商可能希望或者不希望进行这样的改变。但是,那些已经应用了工具箱的领域的经验表明:顾客通常更愿意在工具箱的帮助下设计自己的定制产品,而不是传统的以制造商为中心的开发方式。结果,在那些适合应用工具箱的领域内,制造商面临的唯一选择是:在发展工具箱方面成为一个领先者还是一个追随者?

用户创新与其他现象和领域的
联系（第十二章）

在第十二章,我讨论了用户创新与其他相关现象以及文献之间的联系。在现象方面,我指出了用户创新和信息社团之间的关系,而用户创新社团是信息社团的分支。一个开放的信息社团的例子是在线的维基百科全书(www.wikipedia.org)。其他类似的社团包括许多专业的互联网站,一些常见病或者少见病的病人可以在这里互相认识,并且可以找到相关的专家。与用户创新社团相关的许多优势也适用于开放的信息网络或社团。对信息社团的分析也遵循了本书中提供的用于创新社团的类似的整体模式。然而,它们更简单,因为在开放的信息社团,可能很少或根本没有专有信息的交易,因此很少或根本没有相应的参与者损失风险。

然后,我将用户中心创新现象与弗雷(Foray, 2004)和韦伯(Weber, 2004)的知识经济文献联系起来;讨论如何拓展波特(Porter)在1991年提到的关于国家竞争优势的观点,使之与国家领先用户的发现相结合。最后,我将指出本书中的发现,如何联系与补充技术演化的社会建构论(Social Construction of Technology)(Pinch & Bijker, 1987)。

最后,我再次强调用户创新、无偿公开和用户创新社团在许多(但不是所有)条件下将会走向繁荣。我以此作为这个引言章节的结论。我们所知道的以制造商为中心的创新仍然是有效的；但是，领先用户创新模式越来越重要，这向我们所有人展现了新的重要机会和新的挑战。

第二章

领先用户的产品开发

传统观点认为,新产品和新服务是由制造商开发的,这种观点在人们的思维以及学术界中都已经根深蒂固。当我们作为产品的用户抱怨现有产品的缺陷或希望有新的产品时,我们通常认为应该由"他们"开发——而不是我们。甚至作为终端用户个体的传统术语——"消费者",也暗示了用户不应该参与到产品和服务的开发中。然而,现在有非常有力的实证证据表明,公司用户和个体消费者对产品的开发与改良都很频繁、普遍而且重要。

　　这一章的开始,我将概括一下诸领域中许多用户为了自己的使用事实上参与了产品开发和改良活动的情况。接下来,我将证明,这种创新经常集中于**领先**用户,并且领先用户的创新通常会成为商业化产品。

许多用户在创新

　　有关用户创新频率和普遍性的证据,总结在表 2 - 1 中。从表中可以看到,所研究的领域中,公司用户和个体消费者为了自己的使用而开发和改良产品的频率从 10% ~ 40% 不等。研究对象包括工业产品的不同类型,这些领域的创新用户是公司用户;也包括各种类型的运动器械,这些领域的创新用户是个体消费者。

	用户样本数和类型	为自己使用而开发产品或制作产品的比例	来源
表 2 – 1 在 8 个产品领域中,许多被调查者报告为自己使用而开发和改良过产品			
工业品			
1. 印制电路 CAD 软件	参加 PC – CAD 会议的 136 家公司用户	24.3%	Urban & von Hippel, 1988
2. 管道吊架五金制品	74 家管道吊架安装公司的员工	36%	Herstatt & von Hippel, 1992
3. 图书馆信息系统	澳大利亚使用了计算机化 OPAC 图书馆信息系统的图书馆	26%	Morrison et al., 2000
4. 外科手术设备	261 名在德国工作的普通临床外科医生	22%	Lüthhje, 2003
5. 阿帕奇的 OS 服务器软件安全性能	131 名技术精良的阿帕奇用户(网管)	19.1%	Franke & von Hippel, 2003
消费品			
6. 户外消费品	153 名户外活动产品的邮购目录接收者	9.8%	Lüthhje, 2004
7. "极限"运动设备	197 名来自 4 项"极限"运动的 4 个专业运动俱乐部成员	37.8%	Franke & Shah, 2003
8. 山地车装备	291 名同一地区的山地车手	19.2%	Lüthhje et al., 2002

表 2–1 引用的研究清楚地表明,许多用户正在进行产品开发和改良。然而,这些证据不能拿来反映用户创新的总体比例。所有的这些研究都可能受到反应偏差(即,当人们收到关于是否在创新的问

卷时,正在进行创新的被调查者回复问卷的可能性更大)的影响。而且,每一项研究探讨的都是对某一特定类型产品的用户有影响的创新比例,而这些用户正是对这个类型的产品关心得更多。例如,普通外科医生(表2-1的研究4)关注拥有合适的外科设备,而狂热的山地车手(研究8)更关心合适的运动器械。随着兴趣度的降低,用户创新的比例很可能也会降低。这可能正是户外消费品购买者的研究案例中所表现出来的(研究6)。根据研究我们知道,户外消费品用户样本是那些一个或多个邮购目录的接收者,这些邮购目录来自一些相对比较普通的户外产品——如冬季外套、睡袋等——的供应商。尽管这些用户被询问他们是否对这些类别的产品(而不是非常具体的,如山地车)中的任何一个进行过开发或改良,但是只有10%左右的回答是肯定的。当然,在全球数以千万计的用户总数中,10%甚至5%仍然是非常巨大的数字——这使我们再一次认识到,许多用户正在开发和改良产品。

所引用的研究没有为他们所报告的开发或产品改良的用户产品设定商业或技术意义的上限或下限,很可能大部分都没什么重要性。然而,不论任何来源的创新大部分都是比较小的,所以在这点上用户创新者也没有例外。但是,说一项创新小,并不是说它没有意义:许多或大多数技术进步都是小创新累积的结果。霍兰德(Hollander,1965)发现人造纤维单位成本降低幅度的大约80%是小技术变革累积的结果。奈特(Knight,1963,Ⅶ,pp. 2~3)测量了通用数字计算机性能的进步幅度,发现类似的结果,“这些进步的发生,是设备设计师利用他们的电子技术知识进行了许多小的改良,累积起来就促使了性能的极大提高"。

虽然用户或其他人开发的产品或进行的产品改良大部分是微小的,但这绝不意味着他们只能开发小的或渐进的创新。长期以来的定性观察表明用户曾开发了重大的工艺创新。史密斯(Smith, 1776, pp. 11~13)指出了"许多可以方便和简化劳动、使一个人完成许多人工作的机器设备的发明"的重要性,他也注意到"在劳动精细分工的制造企业,他们使用的大部分机器设备是由普通工人发明的。这些普通工人,被聘用来进行一些简单的操作,很自然地思考更简单、更容易的完成方式。"罗森伯格(Rosenberg, 1976)研究了美国机床业的历史,发现重要的、基本的机械类型,如车床、铣床,都是由有强烈需求的公司用户首先开发和制作的。纺织公司、枪械公司、缝纫设备制造商等都是早期机床的用户开发者。其他定量研究表明了有些最重要的、全新的产品和工艺是公司用户和个体用户开发的。以诺斯(Enos, 1962)报告,在原油提炼行业,几乎所有的最重要的创新都是由公司用户开发的。弗里曼(Freeman, 1968)发现,大部分被广泛许可的化学生产工艺是公司用户所开发的。我的研究(von Hippel, 1988)发现,用户是80%的最重要的科学仪器创新的开发者,也是半导体加工中大部分重大创新的开发者。帕维特(Pavitt, 1984)发现相当比例的英国公司的发明是用于内部使用的。沙(Shah, 2000)发现,在四个运动领域中,大部分具有重大商业意义的器材创新是由个体使用者开发的。

领先用户理论

对用户创新进行实证研究的第二个重大发现是，许多用户开发的产品和进行的产品改良（以及其中最具有商业吸引力的）是由用户中具有"领先用户"特征的用户开发的。回忆一下第一章，领先用户被定义为样本框中具有两个与众不同特征的成员：（1）他们处于重要市场潮流的前端，所以他们现在所遇到的需求是以后许多用户在这个市场上会遇到的；（2）他们预计可以从自己需求的解决方案中获得相对较高的收益，所以他们可能会去创新。

用这两个特征来定义"领先用户"的理论根源在于以下的原因（von Hippel，1986）。首先，包括"领先于重要的市场潮流"这个指标，是因为假设用户开发的创新对商业吸引力的影响处于市场的前沿。市场需求不是静态的，它们不断演化，经常受到重要潮流的驱动。正如扩散理论所指出的，如果人们与这个潮流是分离的，那么处于重要潮流前沿的人们在今天（或者今年）遇到的需求，而市场中的大部分人在明天（或者下一年）才会遇到。而且，如果用户开发或改良产品以满足自己的需求，那么，领先用户开发的创新随后会吸引许多人。"预期的收益"这个指标以及它与创新可能性之间的关系，是源于对工业产品和工艺创新的研究。这些研究表明，一个主体预期从一项创新中获取的利益越多，那么主体对寻找解决方案的投资就越大，这

里,问题解决方案就是被开发或购买的创新(Schmookler,1966;
Mansfield,1968)

目前为止,实证研究肯定了领先用户理论。莫里森、罗伯特和米
奇利(Morrison,Roberts & Midgely,2004)研究了澳大利亚图书馆中
使用图书馆信息系统的创新和非创新用户的特征。他们发现,样本
中领先用户特征的分布是一个单峰的连续体。他们也发现领先用户
的两个特征与实际的用户创新开发行为高度相关。法兰克和我
(Franke & von Hippel,2003b)对阿帕奇网络服务器软件的创新用户
和非创新用户的研究证实了这些发现;我们也发现用户开发的创新
的商业吸引力随着这些用户的领先用户特征的加强而增加。

领先用户创新的证据

不少研究发现,用户创新大部分是由具有领先用户特征的用户开
发的,而领先用户开发的产品常常构成了商业产品的基础。这些普遍
的发现看起来非常可靠:这些研究使用了不同的方法,涉及不同的市
场和创新类型。对以下四个研究的回顾可以揭开这些发现的本质。

公司用户的工业品创新

在关于领先用户在创新中的作用的第一个实证研究中,乌尔班

和我(Urban & von Hippel, 1988)研究了与用来设计印制电路板的软件有关的用户创新活动。当时印制电路板的计算机辅助设计软件(PC‐CAD)必须回应的一个重大市场趋势是,在电路板上更密集地布设电子电路。更高的密度意味着可以缩小整个电路板的尺寸,并使得他们所包含的电路运行速度更快——这两个都是人们非常期望的改进。设计一个先进的电路板并在提高密度方面具有技术可行性是一个非常苛刻的任务。它需要几个方面的综合：将印制电路线制作得更小、在电路板上添加更多层的线路、使用更小的电子元件。

为了研究用户创新与高密度趋势的前沿需求之间的联系,乌尔班和我收集了由参加 PC‐CAD 贸易展览的 138 名用户公司员工组成的样本。为了了解每一个公司在高密度趋势中的位置,我们对每个 PC‐CAD 用户公司当时正在生产的电路板密度进行了询问；为了了解每个用户对改良 PC‐CAD 所预期增加的收益,也询问了每个被访问者对自己公司现有的 PC‐CAD 性能的满意程度；为了了解用户创新活动的情况,则询问了每个公司是否为了内部使用而改良或制作自己的 PC‐CAD 软件。

我们对用户的回答进行了聚类分析,发现了明显的领先用户组($n=38$)和非领先用户组($n=98$)。领先用户组的用户的平均电路板密度是最高的,并对自己现有的 PC‐CAD 性能也不满意。换言之,他们处于一个重要市场趋势的前沿,具有通过创新提高产品性能的强烈动机。非常突出的是,87%的领先用户组的用户报告正在开发或改良所使用的 PC‐CAD 软件；相反,只有1%的非领先用户报告了这种类型的创新。很显然,在这个用户创新的案例中,用户创新集中于用户总体的领先用户群体。判别分析的结果表明"制作自己的系统"是领先用户组最重要的指标。判别分析的结果有 95.6% 与聚类分组的结果一致。

领先用户开发的 PC‒CAD 方案的商业吸引力也是很高的。这个问题是通过询问领先用户和普通用户是愿意采用包含了领先用户所开发特征的 PC‒CAD 系统,还是愿意采用当时能获得的最好的商业 PC‒CAD 系统(通过对大型 PC‒CAD 系统制造商进行竞争性分析而得出的)或者另外两个系统来检验的。包含了领先用户特征的系统概念得到了更有利的偏好($p<0.01$),哪怕价格是其他系统的两倍以上。

图书馆的创新

莫里森、罗伯特和我(Morrison, Roberts & von Hippel,2000)研究了澳大利亚图书馆用户对被称为 OPAC(在线图书馆书刊目录查询系统)的计算机信息搜索系统的改进。图书馆并不被认为是最可能发生技术创新的地方。但是,计算机技术和互联网对图书馆的运行方式已经产生了重大影响,因此许多图书馆现在已经有了自己的编程专家。图书馆的计算机化查询方法最初是由一些设备先进、技术精良的机构用户开发的。在美国,这种开发始于 20 世纪 70 年代,一些主要的大学和美国国会图书馆在联邦政府的拨款支持下进行开发

（Tedd,1994）。大约直到 1978 年,这类系统还只是图书馆为自己使用而开发的。70 年代后期,第一个商业化的计算机图书馆查询系统在美国出现,而到 1985 年,仅仅在美国就有至少 48 家 OPAC 供应商（Matthews,1985）。而在澳大利亚(研究样本所在地),OPAC 的应用比美国晚 8 年(Tedd,1994)。

莫里森、罗伯特和我收集了 102 家作为 OPAC 用户的澳大利亚图书馆的问卷。我们发现,其中 26% 的用户事实上改良了 OPAC 软件或硬件,远远超出了系统制造商所提供的用户调整功能(user-adjustment capabilities)。这种由图书馆进行的创新因其需要不同,其类型有多种变化。例如,为自己的 OPAC 增加了"为员工和顾客增加图书取回说明"功能(表 2 - 2)的图书馆,这样做的目的是因为他们的馆藏图书是以非常复杂的方式分布在许多建筑中的——如果没有精确的定位,员工和顾客很难找到所需要的书。除了在 OPAC 中增加互联网搜索功能外,这些创新很少重复。而在增加互联网搜索功能这个特殊的例子中,9 个图书馆领先一步,使得自己的软件先于制造商所提供的系统增加了这项重要功能。

表 2 -2　用户对 OPAC 的改良涉及的功能领域十分广泛

图书馆管理改良	信息查询性能改良
增加图书馆顾客的总体统计	记录的综合反映(2)
增加图书馆识别符	菜单/指令查询的结合
增加用于实务检查的定位记录	增加目录分类和文献编号目录

（续表）

为员工和顾客增加图书取回说明	增加关键命令的快速访问
增加 CD – ROM 系统备份	增加多语言查询形式
增加基于版权的图书使用控制	增加关键词搜索（2）
顾客可以通过 OPAC 查询自己的情况	增加主题联想和主题访问
顾客可以通过 OPAC 预约图书（2）	增加先前查询恢复功能
通过不同的系统远程访问 OPAC	增加查询"导航系统"
增加通过口令的分级系统访问	增加不同的层级搜索
增加与其他内部 IT 系统的界面	访问其他图书部目录（2）
文字处理和通信（2）	增加或定制网络界面（9）
覆盖局部信息收集（2）	主题的热链接
局部系统调整	扩展查询 素材来源的热链接

资料来源：Morrison et al.，2000，表 1。创新描述后括号内的数据表示的是进行相似功能创新的用户数（超过 1 个的情况）。

我们要求样本图书馆对自己的一些特征进行评级，包括"领先状态（LES）"［领先状态，由莫里森提出，与领先用户结构高度相关（在这个样本中，$p_{(LES, CLU)} = 0.904, p = 0.000$）］[1]。为了检验自我评价偏差，研究者询问了应答者他们认为具有领先用户特征的图书馆的名称，自我评价和他人评价的结果没有显著差异。

研究发现，改良了 OPAC 系统的用户具有更显著的 LES 水平，

---

[1] LES 包括四个指标。其中三个（"早期收益识别""预期高收益"和"结构的直接导出"）都包含了领先用户建构的核心成分。第四个（"应用的衍生"）是对许多创新相关活动的测量，这些活动用户可能都参与了：他们"提议新的应用"、他们"开创这些应用"，以及（因为他们比其他人更早的有需求或问题）他们可能"被作为一个测试点"（Morrison，Midgely & Roberts，2004）。

即,他们是领先用户。而且他们比非创新者有更明显的改良动机、更高的内部技术能力、更少的"外部资源"(例如,他们发现难以从外部销售商那儿获得他们所希望的改良)。将这四个变量应用洛吉模型进行分类,图书馆被分为创新和非创新类别的正确率是 88%(表 2 - 3)。

表2-3 与图书馆创新相关的因素(洛吉模型)		
	系 数	标 准 差
前沿性	1.862	0.601
缺少改良的动机	−0.845	0.436
缺少内部技术能力	−1.069	0.412
缺少外部资源	0.695	0.456
常数项	−2.593	0.556

资料来源: Morrison et al.,2000,表6。X_4^2=33.85;p^2=0.40;分辨率=87.78%。

用户在 OPAC 样本中创新的商业价值以相对非正式的方式进行评估。研究要求来自两家 OPAC 大型制造商澳大利亚分公司的两名开发管理人员评估样本中每个创新的价值,对每个创新回答两个问题:(1)"这个用户增加的 OPAC 功能,对你们的公司有多大的商业重要性?"(2)"在开发创新时,用户创新所包含的信息对你们公司而言创新度如何?"这两名管理者的回答表明,70%(36 个中的 25 个)的用户改良带来的功能提高至少对制造商具有"中等"的商业重要性——事实上,许多功能最后被整合到了销售商所出售的 OPAC 中。然而,这两名管理者也感到,当用户开发自己的解决问题方案时,制造商公司已经普遍认识到了用户的那些需求,只有10%~20%的用户创新所提供的信息对他们而言是全新的(即使制造商较早了解了领先用户需求,他们也可能认为自己开发解决方案满足这种"新兴"的需求无利可图,直到若干年以后,才可能进行开发。这一点我将在第四章阐述)。

体育社团的"消费者"创新

法兰克和沙(Frank & Shah,2003)研究了4个体育爱好者社团的用户创新。这些社团都在德国,分别属于不同的运动项目。

第一个社团致力于溪降运动,一种在阿尔卑斯山脉盛行的新运动。这种运动在峡谷中进行,结合了登山、滑索(沿绳下降)和游泳运动。从事这种运动的人沿瀑布下降到峡谷底部。溪降需要高超的技术,有一定的风险。它也是一项快速发展的运动,参与者尝试新的挑战,并探索人体的极限和快乐的极限。

第二个被研究的社团致力于滑翔运动。与溪降运动相比,滑翔运动是一项相对成熟的运动。它由一名或两名运动员驾驶一架封闭的、无引擎的滑翔机上飞行;一架有动力装置的飞机借助绳索将滑翔机牵引至理想的高度,然后,放开绳索,无引擎的滑翔机利用空气中的热上升气流尽可能地上升到高空,开始自己飞行。法兰克和沙研究的滑翔机社团由德国技术学院中对滑翔机有共同兴趣的学生组成,他们制作自己的滑翔机。

第三个社团的项目是单板滑雪。在这项运动中，6 名滑雪者同时在下坡赛中竞技。虽然不同比赛的赛道各不相同，但都可能包括隧道、急转、水坑、腾跃等。所研究的非正式的社团由一些来自世界各地的半专业运动员组成，这些运动员每年在欧洲、北美、日本等地举行的多达 10 次的比赛中碰面。

第四个社团是一组半专业的患有不同的严重身体残疾——如脑瘫、肢残等——的自行车手。他们必须经常对他们的器材进行设计或改良，以适应他们身体的残疾状况。这些运动员通过国内国际比赛、训练和由德国国家运动委员会组织的研讨会相互熟识。

总共 197 位被调查者回答了关于他们社团的创新活动的问卷（回答率 37.8%）。其中 32% 报告他们开发或改良了他们使用的运动器械。不同的运动项目，创新率有所不同，从最高的滑翔机爱好者报告的 41% 到最低的单板滑雪运动员报告的 18%（不同运动项目中所用的不同运动器械可能对创新率的不同有影响：这里，滑翔机比滑雪板有更多的零部件）。

他们的创新也是各种各样的。在滑翔机社团，用户开发的创新包括从新型火箭助推发射系统到座舱通风系统的改良等；滑雪运动员的创新包括改良的滑雪靴和发明皮靴固定装置；溪降运动员的发明包括了一些非常具体的解决方案，如使用滑雪腐蚀剂来解开被卡住的绳索的方法。在商业潜力方面，法兰克和沙发现 23% 的用户创新已经或者即将被制造商生产用于销售。

法兰克和沙发现，创新的用户在领先用户的两个特征方面明显高于没有创新的用户(表 2 - 4)。他们发现创新者花费更多的时间在运动和社团活动中,并且感到自己在社团中的位置更重要。

表 2 -4　　与运动社团创新相关的因素			
	创新者[1]	非创新者[2]	差异显著性[3]
在社团中的时间			
作为社团成员的年限	4.46	3.17	$p<0.01$
每年与社团成员共同活动的时间天数	43.07	32.73	$p<0.05$
每年花费在参与运动上的时间天数	72.48	68.71	不显著
在社团中的作用[4]			
"我是社团中非常积极的社团成员"	2.85	3.82	$p<0.01$
"我与社团成员在一起参加与运动无关的活动(如电影、晚宴)"	3.39	4.14	$p<0.05$
"当社团决策时,他们会考虑我的意见"	2.89	3.61	$p<0.05$
领先用户特征 1:领先于潮流[4]			
"我经常比其他人更早地发现新产品和解决方案"	2.71	4.03	$p<0.001$
"我从领先采纳和使用新产品中获利显著"	3.58	4.34	$p<0.01$
"我为制造商检测新产品原型"	4.94	5.65	$p<0.05$
"在我的运动中,我被认为处于'前沿'"	4.56	5.38	$p<0.01$
"我改良和开发了运动新技术"	4.29	5.84	$p<0.001$
领先用户特征 2:来自创新的高收益[4]			
"我有现有产品无法满足的新需求"	3.27	4.38	$p<0.001$
"我对现有的器械不满意"	3.90	5.13	$p<0.001$

资料来源:Franke & Shah,2003,表 3。
① 所有值平均;$n=60$。
② 所有值平均;$n=129$。
③ 独立样本双侧 t 检验。
④ 用七点量表评价,1 表示非常符合实际,7 表示一点也不符合实际。独立样本双侧 t 检验。

医院外科的创新

卢杰(Lüthje,2003)研究了由德国普通临床外科医生所开发的创新。他随机选择了 10 个临床项目,有 262 名外科医生回答了卢杰的问卷——回收率 32.6%。在普通临床外科医生的回答中,22% 报告在自己的应用实践中对医疗设备进行了开发与改良。卢杰采用洛吉模型研究用户特征对创新活动的影响,发现进行创新的外科医生通常是领先用户($p<0.01$)。他也发现,创新的外科医生期望从方案开发中获得的主要收益是得到外科实践中所遇到问题的解决方案($p<0.01$)。此外,他发现外科医生所拥有的技术知识水平与创新显著相关($p<0.05$)。同时,正如所能理解的,在医药领域,合法性问题和可靠性风险等"使用情景限制"对外科医生用户发明的可能性有非常显著的负相关关系($p<0.01$)。

关于领先用户外科医生所开发的创新的商业价值方面,卢杰报告,48% 的被调查领先用户开发的创新已经或者即将被医药设备制造商推向市场。

讨　论

本章引用的研究都发现,具有普遍商业吸引力的用户创新通常是由领先用户开发的。这些研究在不同领域展开,但都集中于设备创新或软件之类的信息创新。所以,以下这一点很重要:在许多领域,在技术上的创新至少和设备创新一样重要。例如,许多新的外科手术操作是利用标准器械(如手术刀)完成的,许多滑雪上的全新创新是基于现有的、未经改变的器材。领先用户的工作也可以仅仅是技术上的创新,事实上,这里引用的研究中所记录的设备创新在创新设备的同时也对技术作了创新。

尽管研究的发现非常明确,但仍然有许多令人感兴趣的问题,需要通过进一步发展领先用户理论来解决。例如,领先用户创新的实证研究目前并没有代表全球最重要的领先用户。因此,事实上,这里引用的研究确定的领先用户是那些在样本中最具有领先用户特征的用户。也许在每个领域的其他样本中包含了处于相关市场趋势更"前沿"的用户。如果确实出现这样的情况,既然用户创新是集中于"极端"的领先用户,那么为什么这些具有中等前沿水平的用户表现出了用户创新?这至少有三种可能的解释。第一,大部分用户创新研究的样本中包括了一定程度上接近全球领先前沿的用户。如果包括了那些"顶级"的用户,可能的结果是还有更有吸引力的用户创新会被发现。第二,地方用户社团的需求可能是不同的,所以从具体需求角度而言,地方领先用户可能实际上就是全球的领先用户。第三,从领先用户特征角度看,即使样本中所包含的领先用户不是全球最领先的,地方的用户可能仍然有理由在本地(重复)开发创新。例如,自己开发,显然比搜寻"全球顶尖"的领先用户已经开发的相似创新更便宜、更迅捷、更有意思、更快乐。

第三章

用户为什么需要
定制产品

第二章中所引述的高频率的用户创新表明，许多用户会需要定制产品。为什么会这样呢？我认为，这些用户的需要在细节上存在差异，也有用户非常愿意购买并且有能力购买符合其个性化需要的定制产品。在本章，我将首先举例说明用户需求的差异性。然后，回顾并分析一个有关用户需求异质性（heterogeneity of need）和产品支付意愿（willingness to pay）的研究。

用户需求的差异性

个体用户或公司用户需要产品的种类越是不同，用户需求差异就越大。如果用户需求的差异性很高，那么，只有很少的用户会倾向使用相同的产品。这样的话，大规模制造的产品就不可能精确地满足诸多用户的需求。规模制造商更愿意生产迎合多数人而不是少数人的产品，因为这样可以摊薄开发和制造过程的固定成本。如果许多用户需要不同的产品，而且他们有足够的兴趣和资源得到他们想要的东西，他们就会受到激励去自己开发，或找一家定制工厂替他们开发。

是不是用户对新产品（和服务）的需求常常差别很大呢？一项测试表明，确实如此。一个个体或公司对产品多样性的需求取决于对用户的初始状态和资源的详细考虑，取决于用户从初始状态到达理想状态所经历的必须路径，还取决于他们对理想状态的详细考虑。

对个体用户和公司用户来说,这些方面在细节上很可能存在不同。反过来,这表明了对于正好适合每个用户的诸多产品和服务的需求是有差异的,即他们对那些产品的需求具有高度的差异性。

举个例子。假设你需要一件新的家具,而你的屋子里已有许多大大小小的家具了,新添置的物品必须"配置"恰当而且可能会受到你的居住条件、资源和爱好的影响。例如,"我们需要一张比尔叔叔喜欢的、孩子可以在上面跳的、与我喜欢的墙纸配套的、能反映我喜爱珊瑚礁和高品位的、价格合理的新沙发"。这些具体的要求不是一时兴起的结果,而且不易改变。你可能改变墙纸,但就居住环境或现有资源而言,你不太可能改变比尔叔叔、你的孩子、你自己的品位。

上述例子表明,对个体或公司而言,用户最关心的产品特征可能是特定的。当然,由于财力和时间的限制,许多人购买的许多产品,并不是他们理想中的产品,而只能是满意的产品。所以,一个认真的山地自行车手在买沙发的时候可能毫不挑剔,然而在山地自行车装备上,他肯定不会将就。就工业产品而言,美国国家宇航局(NASA)为航天飞机购买设备部件时,对可能影响飞行任务安全的部件会坚持购买完全匹配的,而对其他方面的部件则会做出一些让步。

源自用户创新研究的证据

用户创新的两个研究为用户需求的差异性提供了间接证据。他们对用户开发的样本的创新**功能**作了描述。对这些描述的分析表明，这些功能差异很大，几乎没有雷同的情况。当然，功能的差异性表明了产品开发者具有不同的需求。先前讨论过，由莫里森、罗伯特和我在 2000 年进行的关于改进图书馆用户信息系统的研究中，样本中总共 39 个创新里只有 14 个具有相似的功能。如果排除其中一种重复开发的功能（"网络界面"功能），交叉部分更少（见表 2 - 2）。被调查者的其他回答进一步证明了用户需求的高度差异性。30% 的被调查者报告，在安装图书馆信息系统的过程中，系统几乎都是由制造商根据他们的需求定制的。另外，54% 的被调查者认为，"我们愿意改进我们的信息系统功能，而这些功能无法由供应商通过简单地调整标准和顾客参数来实现"。

用户创新的性能有一定重叠的类似现象也可以在卢杰、赫斯塔特和我（Lüthje, Herstatt & von Hippel, 2002）关于山地车手的研究中得到证明。在研究样本中，我估计 43 项创新中最多只有 10 项是与其他样本在功能上有相似性。这种多样性的意义在于：山地车运动实际上有许多具体内容，而不是外行人所认为的只是一种户外体育活动而已。

从表 3 - 1 可以看到，研究中的山地车手的专业特性涉及非常特殊的骑行地形、骑行条件和专业技能。用户所开发的创新适用于他们自己的骑行活动，所以在功能上有很大差异性。下面一起来看看研究中的三个个案：

■ 我在垂直的、光滑的平板和台阶上骑车，做跳跃、急下坡、障碍和慢降动作。解决问题的方案是：我需要精良的山地车护甲和保护服装。所以，我设计了手臂和腿部护甲、胸部保护装置、短裤、长裤和夹克衫，以便我可以完成更难的动作而不用担心受伤。

■ 我喜欢乡村旅游，经常需要行走在陡峭山路和悬崖峭壁间，因此需要方便携带的配置齐全的山地车。解决问题的方案是：改造大梁和座位支架的上端，来为安全带提供可靠的附着点；然后，我改造了一个舒适耐用的登山吊带作为过肩安全带。因为安全带在比较高的位置，因此在将车扛上肩时，我只要弯一点膝盖即可，而且在爬陡峭山路时，也可以防止前轮碰撞；最后，我准备了一个能快速解开的单边安全带，它能防止主安全带从肩上滑下，但却能在我跌倒或过急流时快速解开。

■ 在冰面上骑车时，我的车子会因为没有牵引力而打滑摔倒。解决问题的方案是：通过加装汽车用的冬季金属防滑嵌钉来提高轮胎的摩擦力；然后，我选择有大块橡胶的山地车轮胎，在每块橡胶中间钻孔并塞进防滑嵌钉。

表3-1 创新的山地车手活动					
偏好的地形	车手数量	户外条件	车手数量	需要的特殊骑术	车手数量
急下坡道（陡峭、下降、急）	44（39.6%）	黑暗、夜晚	45（40.5%）	跳跃、下降、特技、越过障碍	34（30.6%）
技术性单道（上下、多岩石、凸起）	68（61.3%）	雪、冰、寒冷	60（54.1%）	技术能力/平衡	22（19.6%）
平单道（山地、起伏、快速、沙地、硬路面）	13（11.7%）	下雨、泥泞	53（47.7%）	快速下降/下坡	34（30.6%）

（续表）

偏好的地形	车手数量	户外条件	车手数量	需要的特殊骑术	车手数量
城市街道	9（8.1%）	热	15（13.5%）	耐力	9（8.1%）
无特殊的地形偏好	5（4.5%）	高海拔	10（9.0%）	爬坡	17（13%）
				急速	3（27%）
		没有极端的户外条件	29（26.1%）	不关注特殊的技术	36（32.4%）

资料来源：Lüthje，Herstatt 和 von Hippel。本表包括 111 个有山地车改良创意的用户样本（其中，61 人随后购买了他们所需要的装备）。许多被试用户报告他们遇到过上表中的不止一个项目，所以这里每一列的总和超过 111。

源自市场细分研究的证据

关于特定产品和服务需求差异性的实证数据非常稀少。对这些问题最感兴趣的应该是为顾客提供产品和服务的规模制造商——但他们通常不进行有关需求差异性的研究。事实上，他们通常感兴趣的是发现用户需求足够相似，可以通过大规模生产而带来商业利益的标准产品。制造商一般通过市场细分研究来发现这些领域，市场细分就是将市场区分为少量的几个部分，可能只有 3 个、4 个或 5 个。每一个被细分的部分包括对某一特定产品具有相似需求的用户（Punj & Stewart，1983；Wind，1978）。例如，牙膏制造商可能将他们的市场细分成男孩和女孩、对增白感兴趣的成人等。

自从 20 世纪 70 年代起，几乎所有的市场细分研究都采用聚类分析方法（Green，1971；Breen & Schaffer，1998）。通过聚类分析，将每一个被研究者放入最符合其需求的市场细分,然后确定组内需求差异。这是每一组组内差异占总差异量的比例,它表明了用户需求与"他们"自己的组平均值的偏差。如果组内差异较低,表明同一组内用户的需求几乎相同,完全有理由设计一个标准产品来满足这一类顾客。如果组内差异较高,就不能用标准产品来满足这些客户的需求。

公开研究很少报告组内差异,但一项关于顶级学术期刊上发表的市场细分研究的调查发现了 15 个类似的研究。这些研究平均划分了 5.5 个组,组内平均剩余差异为 46%(Franke & Risinger,2003)。法兰克和我(Franke & von Hippel,2003b)在一个独立样本中发现了类似结果。那个研究平均划分了 3.7 个组,聚类分析后的组内平均剩余差异为 54%。这个结果表明,在许多产品种类中,用户需求的差异性可能永远存在[①]。

需求差异性和支付意愿的研究

对市场上尚未出现的定制产品的需求如果要转化为实际的

---

① 聚类分析并不规定"正确的"类别数量——它只是简单地将一个样本划分为越来越小的类别,直到分析者叫停为止。确定一个样本的合适类别数可以用不同的方式。当然,通常可能是:"我只希望研究三个市场细分,所以当我的样本被分为三类时我就停止我的分析。"更常见的是,分析者可能会检验每一步方差和的增加量,当分析图突然出现拐点时,通常认为就达到了理想的类别数(Myers,1996)。因为这种技术并没有综合类内方差信息,所以它可能会得出一个具有很大的类内方差的答案。"三维聚类标准(CCC)"通过将类内方差和类别方差进行比较在一定程度上解决了这个问题。这种方法建议选择这个值出现波峰时的类别数(Milligan & Cooper,1985)。然而,这种方法看来很少被采用:克勤和萨克(Ketchen & Shook,1996)发现他们所研究的 45 个分类问题中,只有 5 个采用了这种方法。

开发或采购行为那么就必须有足够的意愿(和资源)进行支付。在需求差异性、支付意愿性和定制产品开发或采购之间建立稳固关系中需要的，正是在一个样本中阐明这三个因素的研究。我的同事尼古拉斯·法兰克和我对网络服务器软件的用户总体进行了这样的研究,该产品主要由工业企业使用(Franke & von Hippel, 2003b)。

法兰克和我详细分析了用户对阿帕奇网络服务器软件安全性能的需求,以及对精确满足其需求的解决方案的支付意愿。阿帕奇网络服务器软件是一个开源软件,允许任何一个具备合适技能的人进行修改。任何人都可以从因特网下载开源软件并免费使用。用户有权研究软件的源代码,修改软件,并与其他人分享经修改或未经修改的版本(参见第七章关于开源软件的讨论)。

阿帕奇网络服务器软件被用在与因特网连接的网络服务器上。网络服务器的功能是响应因特网浏览者对特定文献和内容的请求。典型的服务器要通过等待客户请求、定位所需资源、应用所需资源的方法响应客户。网络服务器软件刚出现时,功能相对简单。但随着时间的推移,阿帕奇和其他网络服务器软件程序已经包含了许多因特网运行所需的复杂的前端应用技术需求。例如,网络服务器软件现在可以处理用户安全和鉴定工作,提供网络商店购物车和数据库的网关。面对商业对手的激烈竞争(包括微软和 SUN/Netscape),阿帕奇成为最受欢迎的网络服务器软件——2004 年初的数据表明,阿帕奇被 67% 的重要网站采用,它也由此获得许多杰出的工业荣誉。

　　法兰克和我根据已出版的和基于网络的资料罗列了服务器安全功能的初步清单,然后让网络服务器安全专家和阿帕奇网络服务器软件的专家对这些基本功能进行评价和调整,最后确定了 45 种大多数用户需要的安全功能。用户可以下载的阿帕奇标准软件已经包含了其中的一些功能需求,而额外的模块则解决了其他一些需求,但有一些人的需求无法用阿帕奇社团已有的任何一个安全模块解决。(在大社团还没有开发和提供一个有效方法之前,安全威胁可能快速出现并成为关注焦点。最近的例子是网站堵塞,这是黑客试图通过大量同时请求同一个响应而使网站堵塞崩溃的方法。)

　　使用网络服务器安全功能的是公司雇用的网站管理员,他们以此来保证公司的软件正常更新并发挥作用。网管的主要工作是确保软件使用安全,防止那些非法进入者和软件破坏者。我们从阿帕奇网管的两个研究样本中收集问卷,这两个样本是在阿帕奇用户论坛①上发布问题或问题答案的网管员和订购专门的在线阿帕奇新闻组②的网管员。这两个样本足以代表不同层次的网管——具备或不具备自己修改阿帕奇安全软件以更适应自身需求的技术能力:modules.apache.org 的订户比在阿帕奇用户论坛发帖的网管具有更高的技术能力。数据是通过网络问卷方法得到的。

---

① 　http://groups-beta.google.com/group/comp.infosystems.www.servers.unix.
② 　http://modules.apache.org.

用户需求的差异性

法兰克和我发现,那些具备编写源码修改阿帕奇能力的用户和那些没有这种能力的用户,实际上对安全模块的需求非常不同。标准化的差异性系数(H_c)为 0.98,表明用户根本就无法被归为一类。[我们将一个组内的"需求差异性"定义为 i 个个体的需求能被 j 个标准产品理想地满足的程度,也就是说,当必须有许多标准产品才能满足 i 个个体需求时,需求差异就高;反之,用少量的标准产品就能满足用户需求时,需求差异就低。系数越高,样本中的用户需求越是不同。如果标准化差异性系数(H_c)为 1,那么用户是完全不同的,没有必要聚类分析;如果低于 1,可以对个体进行聚类分析;系数为 0,所有个体的需求完全相同①。]

即使这样仍然低估了需求差异性。阿帕奇网管们的回答远远超

---

① 为了测量差异性,法兰克和我分析了我们样本中,在[1;i]范围变化的 j 标准产品满足 i 个个体需求的程度。首先,我们将一个产品置于多维的需求空间中(在本研究中,维度=45)使得它距离每一个个体需求的差距最小(这个步骤类似于聚类分析中的离差平方和方法,同样要最小化类内方差,见 Punj & Stewart, 1983),然后用欧氏距离的平方来表示"误差项"。我们重复了这些步骤,来确定 2 个已经最优定位的产品之间的误差、3 个产品之间的误差,直到 i-1 个产品。所有情况下的方差和就是一个衡量 j 标准产品满足 i 个个体需求程度的简单指标。这种专门的"方差系数"对需求之间的平均**距离**和需求的**结构**敏感:具有聚集成类趋势的需求的方差系数比那些总体来看分散的需求的方差系数小。为了使得不同人群的系数具有可比性,我们采用了 bootstrapping 技术,用期望值(这个期望值是通过平均化许多随机分布的同类群体的变异而得到的)去除系数使得数据标准化。这个平均的随机方差系数就是可以用于标准化的合适值:它表明个体的需求之间和需求维度之间没有系统相关性。

过了我们提供的让他们评价的 45 种网络服务器软件安全功能。在我们提供的开放性问卷中,我们要求被调查者列举问卷中没有提到的四种额外需求。几乎 50% 的被调查者增添了额外的功能需求。除去雷同的,我们发现 92 个明显不同的额外安全需求①。

我们样本中的高度需求差异表明,大家对修改阿帕奇很有兴趣——事实上他们对现有软件版本的满意度只是中等水平。

购买经过改进的产品的意愿

仅仅有对更适合的定制产品的需求是不够的,用户还必须愿意和有能力购买。假设那些对阿帕奇进行创新的被调查者愿意支付费用进行定制。但在我们的研究中,有多少用户——包括创新者和非创新者——**现在**愿意为改进工作支付费用? 估计用户的支付意愿(WTP)是一项困难的任务。法兰克和我采用即时估价方法,即让被调查者直接回答他们愿意为产品和服务付多少钱(Mitchell & Carson,1989)。这种方法获得的结果经常会高估支付意愿。对被调查者回答的支付意愿和实际的平均现金支付水平的实证研究表明,

---

① 从概念上看,是可以为任何人生产出"一个完美的产品"的——在这种情况下,需求的误差为零——只要简单地创造所有人所需要的特征(在这个研究中,有 45+92 个特征),然后将它们综合到"一个完美的产品"中,用户就可以从这个完美产品的特征菜单中选择特征使得它适合自己的品味。这样做至少在软件业中具有理论上的可行性,但是在实物产品领域因为以下两个原因使得这种可能性很小:(1)为每个购买产品的顾客提供所有的选择会使得这个商品非常昂贵(而在信息产品中几乎不需要任何代价);(2)有些选择是互相排斥的(例如汽车不可能同时又是红色又是绿色的)。

在个人购买方面(如在我们的研究中),实际消费行为低于口头的支付意愿。相反,对于像在荒芜地区拆迁一条公路这样的公共物品的例子,口头的支付意愿被极大地夸张了①。

　　为了弥补相对于实际支付水平而夸大口头表达支付意愿的可能,法兰克和我保守地将被调查者的口头支付意愿降低了80%(尽管问题提到的是产品用于个人使用,但网管们谈论的还是用公司的钱来支付的意愿,而不是自己的钱)。我们询问每一个对某项功能并不完全满意(也就是说,在7点量表中的满意度为4或更低,1表示完全不满意,7表示完全满意)的用户,要求他们估计愿意支付多少钱得到完全满意的解决方案。经过这样的调整后,我们样本中的137名网管总共愿意支付70万美元来改进网络服务器软件以获得他们所满意的安全性能。这个金额相当于每个被调查者平均愿意支付5 232美元。这是一个惊人的数字,因为当时类似阿帕奇的商业网络服务器软件的单价是1 100美元(资料来源: www.sun.com,2001年11月)。如果我们假定每个网管平均管理10个服务器,这就意味着每个网管愿意支付整体服务器软件包一半的价格以满足其特殊的安全需求。

---

　　① 对私人物品进行实际支付的行为和口头支付意愿之间的差异比公共物品的要小得多。在私人物品的例子中,鲁米斯等人(Loomis et al.,1996)发现艺术印刷品的口头支付意愿是实际支付行为的两倍;威利斯和鲍威(Willis & Powe,1998)发现在一个城堡的游客中,口头支付意愿比实际支付行为小60%。而在公共物品的例子中,布朗等人(Brown et al.,1996)在一个拆除荒野中的公路的支付意愿研究中,发现口头支付意愿是实际支付行为的4~6倍;林德斯和纳普(Lindsey & Knaap,1999)对城市公共园林道路的支付意愿研究中,发现口头支付意愿是实际支付行为的2~10倍;塞普和斯全德(Seip & Strand,1992)发现只有不到10%的表示对付费参加环境组织感兴趣的人实际上加入了这个组织。

通过定制阿帕奇软件增加满意度

回忆一下,通过编写新源码来改进阿帕奇网络服务器软件需要一些技术能力。在表3-2中,法兰克和我只考察了样本中的高技能用户,他们报告自己能够改良阿帕奇网络服务器软件。在这些用户当中,那些自己进行了定制化改进的用户的满意度更高,但是即使是这些自己动手进行调整的用户也没有完全满意。

表3-2 对软件进行定制化改进的高技能用户的满意度超过没有进行定制化改进的用户

	定制的用户数 (n=18)	未定制的用户 (n=44)	差异性 (单侧 t 检验)
基本网络服务器功能的满意度	5.5	4.3	0.100
得到客户证明的满意度	3.0	1.0	0.001
电子商务相关功能的满意度	1.3	0.0	0.023
网内用户进入控制的满意度	8.5	6.9	0.170
其他安全功能满意度	3.9	3.9	0.699
总体满意度	4.3	2.6	0.010

资料来源:Franke & von Hippel,2003,表8。在本表中,45项功能被划分成5类。满意度指数范围从-21到21。

你可能会疑惑,为什么有能力修改阿帕奇以满足自己喜好的用户也不是完全满意。答案在于被调查者对修改阿帕奇需要的努力程度而不在于他们的喜好。我们询问了所有在某一特定功能上满意度为4分或更低的被调查者,他们愿意花费多少时间来改进该功能直至非常满意(至 7 分)。累计整个样本和所有不满意项，我们得到的答案是愿意花 8 938 个工作日来得到一个非常满意的方案。这相当于一名编程员每增加一个工作日只带来 78 美元收益(716 758 美元除以 8 938 天)。这显然低于熟练编程员的正常工资。法兰克和我由此得出结论，熟练用户不会改进阿帕奇版本，因为改进的成本超过所获得的利益。

讨　论

对许多产品而言，用户需求的差异可能是很高的。尽管仍然比较缺乏数据，但需求的高差异性是为什么有这么多的用户定制产品的一个非常直接的解释：许多用户对产品和服务有"定制"需求。

有兴趣的人可以很容易地增强他们关于用户需求差异性和相关用户创新之间关系的直观印象。用户创新频繁出现，所以你能够自己在一个合理的、较小但随机的样本中找到案例。因此，读者可能发现自己对此进行非正式的测试是可行的(和有趣的)。我自己就曾要求麻省理工学院一个班(一般 50 人)的学生考虑一下他们经常使用的一种产品，如背包。首先，我询问他们对自己的背包的满意程度。一开始，大多数人会说"可以"。但经过讨论和思考后，就出现了一些抱怨(慢慢地，我想这是由于我们所有人对所有产品总是会因为一些并不引人注意的要求而感到不满意)。背包因为这样或者那样的具体理由而"不够舒适":"每当午餐盒或水瓶漏了,我带的书和纸就湿了——背包应该防水";"如果我带大图纸去学校,就得卷起来放在背包里,尾部露在外边。如果下雨,而我又没有事先包一层塑料的话,大图纸就会被淋湿"。然后,我询问他们是否对背包进行过改进。非常有趣的是,通常总有一个或两个人这样做过。由于对大多数用户而言,背包不是专业或兴趣爱好所在,因此在这么小而随意的案例中,也存在一些用户创新。这正是对本章所讨论的发现的一种直观解释。

第四章

用户的"创新—购买"决策

为什么对定制产品有需求的用户有时会自己创新,而不去向定制产品制造商购买? 毕竟这是一个可以选择的方法——至少看起来是。但是,就算有资金和支付意愿的用户决定购买,奇怪的是,要找到制造商生产完全满足用户需要的产品相当困难。当然,我们都知道,提供标准产品的大规模制造商不愿意提供特制产品。顾客也知道这些,很少有人傻到为了一碗"味道恰到好处"的特殊的汤而向康保汤品公司(Campell)这样的大型制造企业提出要求。但是专门生产定制产品的制造商又会怎样呢? 对特殊需要作出反应不是他们的业务吗? 为了理解"创新—购买"选择的发展,我们必须同时考虑交易成本和用户与制造商之间特定的信息不对称。我会在本章重点讨论交易成本,第五章重点讨论信息不对称。

　　本章我首先讨论影响用户"创新—购买"决策的四项具体而重要的交易成本;然后我会分析一个有说服力的案例:接着我将用一个简单的数量模型来进一步分析,公司用户什么时候会更愿意自己去开发新产品或服务,而不是雇用制造商解决问题。最后,我指出**个体**用户有时比预期的更倾向于创新,因为他们不仅看重所创造的新产品或服务,有时同样看重创新**过程**。

用户和制造商对创新机会的看法

　　除了如机会主义性质的"习惯性怀疑"外,有三种关于交易成本的重要思想对用户是购买定制产品还是自己开发的决策有重要影响:(1)用户和制造商对满意的解决方案的不同看法;(2)用户和制造商对创新质量的主要要求的不同看法;(3)对用户和制造商创新者的不同法律要求。前两个因素包含了对代理成本的考虑。当用户雇用制造商开发时,用户就是委托人,制造商扮演代理角色。当委托人和代理人的利益不同的时候,就出现了代理成本。回忆一下第一章的内容,代理成本是指:(1)确保代理人的行为符合委托人的利益而发生的监督成本;(2)代理人监督自身使其行为不违背委托人的利益而发生的成本("忠实履约成本");(3)结果并没有充分满足委托人利益而发生的相关成本(Jensen & Meckling,1976)。在产品和服务开发的具体例子中,考虑代理成本是因为用户和制造商在定制产品开发中的利益常常是非常不同的。

解决方案的偏好

个人产品和服务是较大的用户解决方案的组成部分。因此,用户需要的是一个在解决方案的质量和价格之间获得平衡的产品。有时全面平衡的最佳方案会使得用户产生支付高额费用的愿望。例如,一名个人用户如果用上了特别适合她的技巧和力量的网球球拍,她愿意为此支付不菲的费用。球拍在使用效果上的偏差需要她在使用时格外注意,并改变一些根深蒂固的击球技巧,从用户角度看,这样的方案总体成本更高。相反，用户很少关心她想要的功能是**怎样**实现的。例如，如果球拍使用方便，网球选手通常不关心球拍是用金属、碳素纤维、塑料，还是木材——或极端一点——泥巴制造的。而实际上，由于新材料能满足选手特殊的功能需要，这几年用户更换新球拍的速度很快。

当然，工业用户的产品也是如此。例如，一家需要加工设备的公司愿意为与其加工材料和操作员工技能非常匹配的设备付一大笔钱。任何一点不匹配都需要在材料供应和员工培训中作出相应调整，用户认为这需要很大成本。相反，公司用户很少关心加工设备的功能是如何实现的，而只关心其能否发挥预定的功能。

制造商面对用户的定制开发需求也进行类似的计算，但是他们考虑的是试图寻求低成本（对他们而言）的问题解决方案。制造商倾向于专业化生产，并从一个或几个特定解决方案中获得竞争优势。然后，他们会尽可能将这些解决方案用于更多的营利性项目。例如，一家碳纤维制造专业厂家可能发现，只要使用碳纤维，制造从飞机机翼到网球拍的任何产品都能盈利。相反，同一个制造商使用金属或木材制造同样的产品，就没有竞争优势可言，从而无法从制造中获利。

实际上专业化解决方案的范围非常狭窄。例如，上千家企业在专攻胶质黏合剂的解决方案，而其他上千家企业则专攻包含金属螺钉螺帽的机械固定解决方案。重要的是，从客户的角度来看，生产与用户要求的功能相一致的产品和解决方案的公司可能与从解决方案供应商的角度看合适的公司完全不同。例如,标准或定制胶质黏合剂制造商需要化学结构式方面的专家,它也需要化学实验室和小规模试样的生产设备,它还需要仪器、技能和法规审批并以方便顾客且符合安全规范的方式来包装这种产品。相反,标准或定制金属固定装置的专业制造商就不需要这些。他们需要的是机械设计工程师,建立产品模具和生产工具的加工车间,专业金属成形生产设备,如螺丝车床等。

用户只对具体的需求而不是一大类解决方案进行投资,他们需要的是功能性问题最好的解决方案,与解决方案的类型无关。相反,制造商希望利用现有的专长和生产能力为用户提供定制的解决方案。这样,就上面提到的两种固定技术而言,用户喜欢功能最佳的解决方案。相反,胶质黏合剂制造商认为使用了胶质黏合剂的解决方案更具吸引力;同样,机械固定装置专业制造商会更喜欢开发机械的解决方案。

在定制产品的开发过程中,获得最佳功能解决方案的用户激励和在开发的产品中包含特定解决方案类型的专业制造商激励的差别是形成代理成本的重要因素,因为在什么是最佳解决方案的看法上,用户和制造商之间存在明显的信息不对称问题。制造商应该比用户知道得更多,而且,为了让用户相信他们使用的是最好的解决方案,制造商会提供一些错误的信息。用户很难发现这种误导,因为在被推荐的不同解决方案的技术方面,用户不如供应商专业。

理论上,如果签订一个契约,就可以消除代理成本(Aghion &

Tirole,1994;Bessen, 2004)。但在产品开发方面,契约仍然存在问题。在签订契约阶段,有关解决方案和需求特性的信息不可避免是不完整的,用户不可能在试用原型方案之前确定什么是他们想要的,而制造商在针对专门客户开始投资之前也无法确定如何实施他的计划解决方案。

用 户 期 望

当用户从制造商处购得产品,他们会期望得到产品的延伸服务。但是,如果用户为自己开发产品,就可能不会有这些期望,或者能够通过非正式的、低成本的方式自己解决。这些隐含的期望会增加购买制造商定制产品的成本。

用户一般期望他们购买的解决方案能正确而可靠地发挥功能。事实上,相比用户自己开发,在制造商厂房进行的产品开发和购买者在其所在地日常无障碍地使用产品之间有一个明显的界限。当用户为自己制作产品时,开发和使用过程在同一组织内,早期的重复测试和重复维修与改进就可能成为开发过程的一个部分而被理解和容忍。

相关的一个期望差异与对购买(而不是自己开发)的产品进行现场支持有关。对于购买的定制产品,用户期望制造商在需要的时候能提供备件和服务。对制造商而言,响应这种期望的代价很高。他必须记录他为每个特定用户所制造的产品信息,记录用户产品的特殊部件以便需要的时候再次制造和购买。相反,如果用户自己开发产品,那么现场就有了解设计细节的人。如果有需要,这些员工就有能力重新制作、修改,或重新设计这个特殊的产品。(当然,如果当具备这些知识的员工离开用户公司,而他们设计的产品还在使用,那么,代价就会比较高昂。)

制造商也必须对间接的质量信号进行投资,虽然这些质量信号可能对真实质量不起作用,而是用来满足特定用户和一般市场的高质量需求的。这是另一个不会出现在用户创新者中的代理成本因素。当用户自己创新时,他们会确切地知道所开发解决方案的实际质量,知道方案为什么能够以及如何满足他们的任务需要。例如,一个制作内部使用的价值上百万美元的机器的工程师,可能会选择安装由乐高公司(Lego,儿童玩具制造商,为一些儿童成套产品提供计算机控制器)制造的精确而便宜的计算机控制器,他对于上面的醒目标签感到能完全接受。但假如这个工程师看到他们公司从专业高端制造商处购得的价值上百万美元的操作机器上有乐高控制器,他可能就不会了解太多的细节,不了解乐高控制器完全能满足他的使用需求。那样的话,工程师和他的管理者们可能会认为表面上不合适的商标名称是质量低劣的间接信号。

制造商通常非常关注质量声誉,所以他们不愿意满足顾客的特别要求,拒绝尝试只对特定顾客有意义的捷径,唯恐其他人知道风声,并将它认为是公司产品总体质量的负面信号。例如,你可能对豪华定制车商说:"我想要一辆有你们公司商标的车,这样我的朋友就会羡慕我。但我只是计划有时开这辆车去杂货店,所以我想要一个便宜的小引擎。豪华的外形、便宜的部件是我最好的解决方案——只要将这些东西组装在一起,就可以保持低价。"制造商可能会作出这样的回答:"我们理解你的需求,但我们不能将任何低质量的产品装在我们的车上。说不定哪天有人会看到引擎罩下的东西。那将有损我们制造优质汽车的名声。你到其他地方去看看,要么掏钱买一部我们性能优异的汽车放在你的车道上。"

不同的法律和规章要求

创新的用户开发出的产品如果失败,增加成本,不会影响其他人,通常不会面临法律风险。相反,制造商开发和销售新产品是处于美国法律的管辖之下,这意味着这些产品暗含保证"适合(用户)所期望的需要"。如果产品不符合这种需要,或者,并没有书面的保证,但制造商若提供有缺陷的产品而没有警告购买者,制造商是有责任的(Barnes & Ulin,1984)。这种简单的不同会导致创新者的责任风险大大不同,与用户创新相比,制造商提供问题方案的代价会比较高。

例如,一个公司用户开发新的流程控制器来改善他们工厂的操作。如果自己制作的流程控制器失灵或者损坏了昂贵的物料,公司用户必须自己负担损失。而如果控制器制造商设计了新的控制器产品并将它销售给顾客,一旦发生故障并且是由于设计上的缺陷引起的,那么控制器制造商就有潜在责任要承担用户的实际成本**和**受到惩罚性的赔偿。如果因此而感到不愉快的用户到处抱怨,公司就可能需要承担明显的声誉损失。所以,控制器制造商对这种高风险的逻辑性反应是定价更高,并且/或者在推出新产品之前进行更多仔细的、耗费精力的、昂贵的和长期的测试。由此而增加的成本和产品的延期推出会促使用户转而开发自己的内部解决方案。

最 终 结 果

上述因素的最终结果是,制造商经常发现只为一个或少数几个用户开发定制产品是无利可图的。这种情况下,所需要的交易成本使得有合适能力的用户觉得为自己开发产品更便宜。相反,在较大的市场下,固定的交易成本被分摊到许多顾客身上,为整个市场生产而获得的规模经济效应可能是显著的。此时用户购买产品比自己创新要便宜。因此,当制造商遇到一个用户有特殊需求时,他们会很有兴趣了解还有多少人可能会需要这个解决方案或者其中的元素。如果答案是"很少",定制制造商可能不会接受这个项目。

当然,从制造商的角度看,他们有动机去**制造**市场吸引力。制造商可以为具有特殊定制需求的顾客创造一个解决方案，这个方案对那个客户而言"足够好"，但同时让其他人也感到比较有兴趣。制造商可以通过公开的方式实现这一点——他们可以安排具有相似需求的定制买家会面，促使这个群体达成一个大家都认为可以接受的共同的解决方案。"毕竟，"正如制造商代表可能会说的，"很明显我们无法制造一个适合于每一个用户的具体产品，所以，你们每个人都必须适当妥协——虽然这种妥协确实比较困难。"制造商也可以以比较隐秘的方式来实现这一点，他们只要忽略特殊用户顾客的一些特殊需求，制造他们预期可能更有普遍意义的方案作为替代。

用户和制造商之间通常对所要满足的普遍需求和作出的选择方案有矛盾的看法和动机，这会导致双方的互动非常无效和不确定，双方都会隐藏自己最好的信息，并且试图控制对方为自己的利益服务。在需求的普遍意义方面，精明的用户知道定制供应商对大市场的偏好，并试图劝说制造商让其相信"每个人都会正好需要我要求你做的"。而制造商，知道用户具有这方面的动机，因此一般会愿意开发那些对市场需求有所了解的产品。用户同样知道制造商有生产包含他们现有问题解决方案技术的产品的强烈偏好；为抵御制造商这种动机带来有偏见的建议的可能性，他们可能会试图在许多提供不同解决方案的供应商之间选择，并且/或者可能开发自己内部的解决方案，并且/或者试图签订更完善的合同。所有这些导致偏见或抵御偏见的努力都会产生代理成本。

举例解释上述问题

莎拉·斯洛特(Slaughter, 1993)所做的案例研究描述了前面所讨论过的与用户"创新—购买"决策相关的交易成本带来的影响。斯洛特研究了用于房屋建筑的表面强化镶板的创新模式。她所研究的镶板问题与安装过程有关,所以这里使用镶板功能的用户是房屋施工者而不是房屋所有者。斯洛特比较了用户创新的成本和购买的成本后发现,对于房屋施工者而言,在建筑所在地开发解决方案比从镶板制造商那儿去购买通常要便宜得多。

表面强化镶板可以被视为一个4英尺×8英尺的大三明治,由两个用胶合板制作的镶板组成,中间胶合了一层泡沫塑料。这些泡沫塑料大约有4英寸厚,可以将两层镶板强力黏合在一起,并且可以作为一层隔热体。1989年,表面强化镶板的制造是一个相对集中的产业:4家最大的制造商占据了77%的市场份额;而用户的行业集中度就差得多:1989年4家最大的使用镶板的房屋建筑商合计仅占这类建筑市场的1%。

在房屋建造过程中,表面强力镶板通常被安装在牢固的木框架上,构成房屋的外立面,并可以用来抵御剪切负荷(如风力)。为了实现这个用途,还需要一些辅助的发明。例如,需要寻找一种切实可行的、耐用的方式将镶板互相连接并安装在地板、屋顶和木框架上。同样,人们需要寻找新的方法让管道和电线从一个地方穿到另一个地方,因为在墙上没有地方放置管道和电线,而镶板的中间则是用泡沫塑料填充的。

表面强化镶板引入房屋建筑始于第二次世界大战之后。从那时起到 1989 年——斯洛特开展研究的那一年——为了将这种建筑材料发展成一个完整的建筑系统,在几个重要的功能领域一共进行了34 项创新。斯洛特研究了每一个创新的历史,发现其中 82% 是由表面强化镶板的用户——房屋施工者——开发的,只有 18% 是由制造商开发的;而且有时候不止一个用户对同样的功能问题采用不同的方法加以解决(表 4 - 1)。这些施工者无偿公开他们的创新,并没有为了自己的利益而保密。他们通过口头传递、在商业杂志上发表的方式将创新从一个施工者传向另一个施工者,广泛扩散。在商业镶板制造商开发并且销售能实现类似功能的镶板之前,所有这些创新都已经在建筑现场被反复使用若干年。

表 4 - 1 用户会发现从制造商那儿获得定制的解决方案非常昂贵,在表面强化镶板的案例中用户开发创新的成本非常低廉

功　　能	用户开发的平均时间(天)	用户开发的平均成本	N	等待制造商供货的平均成本
在镶板中设计开口	0.1	$20	1	$1 400
镶板之间的结构连接	0.1	30	2	$1 400
屋顶镶板的通风	0.1	32	2	$28 000
镶板之间的隔热连接	0.1	41	3	$2 800
镶板之间的转角连接	0.2	60	1	$2 800

（续表）

功　　能	用户开发的平均时间(天)	用户开发的平均成本	N	等待制造商供货的平均成本
在镶板中安装 HVAC (采暖、通风和空调系统)	0.2	60	2	$ 2 800
在镶板中安装电线	0.2	79	7	$ 2 800
镶板与屋顶连接	0.2	80	1	$ 2 800
增加镶板的防虫功能	0.4	123	3	$ 700 000
镶板与地基连接	0.5	160	1	$ 1 400
镶板与架构连接	1.2	377	3	$ 2 800
开发曲线型镶板	5.0	1 500	1	$ 280 000
所有创新平均值	0.5	15	3	$ 12 367

注：N 代表用户所开发每项功能的创新数。资料来源：Slaughter, 1993, 表 4 和表 5。所显示的成本和时间是每一个功能类别所有用户开发创新的平均数（斯洛特研究样本中 6 个由制造商开发的创新没有包括在这张表中）。

　　用户开发表面强化镶板创新的历史表明,用户创新者(建筑公司)并没有进行有计划的研发。相反,每一项创新都是对他们在建筑项目中遇到问题的直接反应,创新的建筑商通常利用建筑现场所拥有的技术、材料和设备来快速地开发和完成解决方案。建筑商报告,从发现问题到在现场完成整个解决方案的平均时间只有半天。每一项创新的总成本,包括时间、设备、材料,平均只需 153 美元。

示例：在表面强化镶板中安装电线

　　一名施工人员面临的一个棘手问题是,如何布线使得电线穿过镶板泡沫塑料层到达位于镶板中间墙壁上的开关。他不想在镶板的表面钻出凹沟或凹槽然后通过镶板到目的地——这样做是危险的，它会导致镶板结构强度的降低。他发明的方案是在一根长杆的头上装上一根电热丝，然后只要简单地推动被加热的杆头通过镶板中间的隔热层就可以了。当他推动时，被加热的杆头迅速熔化出一条通道，从镶板的边缘通过中间的泡沫塑料隔热层到达理想的位置，然后将电线穿过这条通道就可以了。

这名施工创新者报告，开发这个创新只用了一个小时，而所有的开发时间和材料的花费等于 40 美元。为什么它只花费如此少的成本和如此短的时间？这名施工人员解释说，使用热的电热丝将泡沫塑料薄片切割成所需的长度是每一名施工人员都知道的技术。将这种切片技术用于熔化通道的想法当时一下子从脑中跳了出来。为了检验这个创意，他马上叫一名工人到电子商店拿来了一些镍铬合金电线(一种具有高电阻的电线，通常被用作电子加热材料)，然后将电线装在长杆的一端，并在建筑现场试验这个解决方案——他成功了！

这个解决方案被一篇发表在建筑杂志上的文章详细介绍，并且被广泛模仿。一个镶板的供应商最后作出了反应(在这个方案被传播若干年后)，生产在泡沫塑料层中有预制电线通道的镶板。但供应商的这个方案只是部分令人满意的。因为施工人员经常并不希望将开关箱安装在预制管道的位置；有时，有些建筑工人会错误地将一些镶板上下颠倒地安装，这样，一块镶板和另一块镶板之间预制的管道就不连续了。在这些情况下，又要依靠初始的、由用户开发的解决方案了。

示例：发明弯曲的镶板

　　一个施工人员要建造一幢拥有巨大弯曲窗户的个性化房屋,这就需要有弯曲的表面强化镶板可以用于窗户上下的空间,但那时镶板制造商只销售平的镶板。施工人员所面临的问题不能简单地通过购买平镶板然后在施工现场把它们弯曲来解决——因为现成的镶板是硬的。所以他从当地的建材商店购买胶合板和泡沫塑料,利用施工现场快速制作的曲线形框架分别将镶板的每一个组成部分慢慢弯成适当的形状,然后将这三个部分用胶水黏合,从而生产出能长期维持形状的牢固的曲线形镶板。

　　为了确定用户选择创新而不是购买的决策对他们的经济意义,斯洛特以一种非常保守的方式,计算了用户如果购买制造商开发的包含有解决方案的镶板,而不是自己开发,会需要增加多少成本。她只考虑了等待制造商生产合适的镶板的这段时间成本。在施工中,等待一个问题解决方案的时间拖延对建造者而言代价高昂。房屋交付时间、分包人和其他人的活动都必须因此而改变。例如,如果镶板的安装时间延迟了,就必须重新安排线路安装分包人、油漆承包工等到达的时间。斯洛特预测一个施工队延误一天的成本是 280 美元(Means,1989)。为了计算延误时间,她假设制造商总是愿意为用户提供所需要的具体产品;她也假设制造商了解需求;假定签订合约、设计解决方案、获得管理部门的批准不需要时间。然后,她询问镶板制造商估计需要多少时间制作能够符合用户要求的镶板并将它们送到施工现场。通过这种方法计算获得的延误时间从最短的 5 天到最长的 250 天不等，平均 44 天。

这种计算非常保守。例如，斯洛特指出，这里没有考虑对建筑材料必要的管制要求，事实上，在住宅建筑领域，对制造商的管制要求比对用户建造者的要求要严格得多。制造商会被要求提供其产品的检测数据，表明它符合每个使用地的建筑法规。在一个地区检测新产品是否符合要求要花费一个月到若干年的时间，而明确的法律批文还经常另外需要若干年时间。相反，建造者创新只需要让当地的建筑检查人员相信他们所做的符合法规或性能要求——这通常是一件要容易得多的事情（Ehrenkrantz 集团，1979；Duke，1988）。

尽管斯洛特用了非常保守的方式来计算，但她还是发现用户购买一个建筑问题解决方案的成本至少是自己开发同样方案成本的 100 倍（表 4 - 1）。显然，在这个案例中，用户选择自己创新而不是购买更有经济意义。

用户"创新—购买"决策
模型的建立

在这个部分，我会通过一个与卡丽斯·鲍德温（Carliss Baldwin）一起开发的简单的定量模型来总结一下本章的核心论点。我们的目标是用简单的方式来进一步阐述定性讨论的丰富内容。

　　用户是选择创新还是购买是一个众所周知的问题的变体：人们应该在供应链的哪个地方展开活动。在实际世界中，问题就复杂得多了。在下面的模型中，鲍德温和我忽略了其中的大部分复杂性因素，而仅就用户"创新—购买"决策中的交易成本来考虑一个简单的基本例子。这个模型主要分析制造商公司和公司用户，而不是个体用户。我们假设制造商公司和公司用户都会聘用相似专业背景的设计师来解决问题；我们同样假设公司用户和制造商公司解决一个具体的问题会发生同样的成本。例如，他们需要花费同样的费用来监督他们聘用的设计师的绩效。这样，我们就将"创新—购买"决策模型简化为只考虑交易成本。

　　如果没有交易成本（例如，签订并且执行合约不需要成本），那么，根据科斯定理，对用户来说开发还是购买一个问题的解决方案都无关紧要。但是，在实际的世界中，**确实存在**交易成本，所以用户通常有自己开发或者购买的偏好。那么，从最小化获得解决方案的总成本的角度看，哪一个是确定条件下的最佳选择？

　　假设用 V_{ij} 表示用户 i 问题 j 的解决方案的价值；N_j 表示拥有问题 j 的用户数；Wh_j 表示解决问题 j 的费用，其中 W 表示小时工资率，h_j 表示解决问题 j 所需要的小时数；P_j 表示制造商所要求的问题 j 解决方案的价格；T 表示固定的或"设定"的交易费用，如购买者为解决问题 j 签订一般性合约而发生的费用；t 表示变化的或"变动"的交易费用，如调整一般性合约使得其适合具体的顾客。

为了研究问题,我们有两个假设：首先,我们假设公司用户知道自己的问题和解决方案对自己的价值,V_{ij}；其次,我们假设制造商知道每一个问题的用户数 N_j 和每一个解决方案对所有用户的价值 V_{ij}。

虽然信息黏滞性通常会阻碍公司获得充分的信息,但这些假设与实践中用户和制造商的动机还是一致的。即,用户具有强烈的动机来了解他们自己的问题以及解决方案对他们的价值；而制造商,为了从他们自己的角度确定市场的潜在价值,同样有动机去投资以了解目标市场用户所面临的问题、受到影响的用户数,以及用户赋予解决方案的价值。

我们首先来考虑用户自己解决问题 j 的收益。一个用户自己处理问题是没有交易成本的,所以用户解决问题 j 所获得的收益就是 $V_{ij} - Wh_j$。因此,当且仅当 $P_j \leq Wh_j$,用户会愿意从上游制造商购买问题解决方案,而不是自己开发。

下面我们考虑制造商解决问题 j 的收益。在这种情况下,就会碰到前面所讨论的交易成本。对于交易成本,首先假设 $t=0$,但 $T>0$,为了让制造商认为创新是有吸引力的,总收益必须是正的：

$$N_j P_j - Wh_j - T > 0$$

但正如我们所看到的,如果用户会购买解决方案,则 $P_j \leq Wh_j$,所以我们可以用 Wh_j 替代上述不等式中的 P_j。这样用户购买的条件就是如下不等式：

$$N_j (Wh_j) - Wh_j - T > 0,$$

或者,

$$N_j > (T/Wh_j) + 1$$

换言之,鲍德温和我发现,N 的下限是绝对大于 1 的,这意味着单独的用户通常愿意自己解决某个独特的问题 j(科斯的理论例外,他的理论中 $T = 0$,用户就无关紧要了)。如果每一个问题都是单个用户所特有的,那么,用户永远不会选择从上游制造商那儿购买解决方案。

现在假设 $T = 0$,但 $t > 0$,用户选择购买而不是创新的条件就变成了:

$$N_j(Wh_j - t) - Wh_j > 0,$$

或者(假设 $Wh_j > t$),

$$N_j > Wh_j / (Wh_j - t) > 1$$

同样,面对独一无二问题的用户不会从上游制造商那儿寻求解决方案。

从这个简单的模型中,我们得到了如下发现:只对某个用户存在的问题通常通过用户自己的设计师解决比较有利。相反,当受到问题影响的用户超过适当的数量 n—n 是交易成本的函数时,由制造商聘用的设计师开发所需的新产品或服务,然后将它们销售给受到同样问题困扰的所有用户就比较有利。然而,在具体的 T 和/或 t

水平下,受到问题影响的用户如果大于 1 个但小于 n 个,问题就不会由制造商来解决,这就是市场失灵:假设市场结构中只有独立的用户和制造商,那么多个用户会各自去解决同样的问题。

为了说明这一情况,假设 $t=0.25Wh_j$, $T=10Wh_j$,那么将它们代入到上述公式中可以计算出 n :

$$n=(11Wh_j/0.75Wh_j)= 14.66$$

这样,用户购买创新而不是自己创新的条件就是 $N_j \geq 15$。如果用户数大于 1 但小于 15,那么由于多个用户进行相同的开发,会造成浪费。

在一个完全由不共享创新的制造商和用户组成的世界中,上面所描述的不经济的用户重复投资开发的事情常有发生。正如本章前面所讨论的,也正如斯洛特的研究所证实的,交易成本可能成为一种规范。此外,在创新全新功能的过程中具有同样需求的用户数比较少——即 N_j 比较低——可能也成为一项规范。功能全新的创新,正如我后面所要说明的,通常是由领先用户开发的,领先用户根据定义就是处于市场的前沿(即 N_j 很小)。

当上面所说的市场失灵发生时,用户有动机寻求具有比通过上游制造商解决问题花费更低的 T 和/或 t 的制度模式。其中的一种制度模式是多个用户在创新开发时互相帮助(例如,我在第七章将要讨论的开源软件项目中成功应用的制度模式)。鲍德温和克拉克(Baldwin & Clark,2003)阐述了这种模式如何解决我们在模型中识别出的不经济的用户重复投资问题。他们认为,假设软件结构中存在模块性,用户参与开源软件项目,创作并无偿公开所需创新的部分组件,可以通过其他用户可能开发和无偿公开创新的其他组件而获得补偿。在这种情况下,前面提到的用户重复创新的不经济性就可以消除;每一个创新组件只由一个用户开发,但可以让许多用户共享。

从创新过程中获利

根据传统的会计核算表明,有些个体用户(不是公司用户)花费了大量的时间和材料进行投资,即使从产品功能无法得到足够的回报,他们仍可能决定自己开发而不是购买创新。原因在于个体除了可以从开发出的新产品中获得收益,他们从创新过程中得到了很大的回报。对自制或购买的评价通常包括了必须对一个解决方案投入的时间、材料等因素,这些成本随后与项目"产出"——新产品或新服务——的可能收益进行比较以确定这个项目是否值得一做。例如,斯洛特就作了类似的比较,评价了样本用户是购买还是自己制作表面强化镶板更有利。然而,在个体的用户创新者中,这种方式对项目产出价值的评价太片面了。尤其是,有证据表明用户有时候会因为他们参与了创新**过程**而感到获得了奖赏。他们说,这个过程为他们带来了学习和快乐,这对他们很有意义。

在第一章引言中,我曾经指出在一些休闲娱乐活动中,如填字游戏,显然只有过程奖励:最终,"产品"——完成填字——几乎对个体没有任何价值。研究发现,对于那些开发对自己或他人有价值的产出的创新者而言,过程激励也非常重要(Hertel, Niedner, Herrmann, 2003;Lakhani & Wolf, 2005)。拉卡尼和沃尔夫研究了编写软件的新代码并且将它贡献给开源项目的个人($n=684$,回收率34%),他们询问这些编程人员这样做最重要的三个理由。58%的受访者认为编写程序的重要动机是因为程序本身,出于工作需要(33%)、非工作的需要(30%)或两方面都有(5%)——正如传统观点所认为的,他们认为价值在于项目的"产出";但是45%的受访者提到一个最重要的理由之一是能激发思维,41%的受访者提到能提高自己的编程技能(Lakhani & Wolf, 2005,表6)。在这些回答中,61%的受访者认为开源项目是他们遇到过的最有创造力的经历,或者与他们曾经遇到过的其他创造性经历一样具有创造力;同时,超过60%的回答者认为,"如果每天多一个小时的时间",他们经常会将这一个小时用于编程。

奇科森米哈伊(Csikszentmihalyi, 1975;1990; 1996)系统地研究了像攀岩这样个体认为具有内在奖励的任务的特征。他发现,介于无趣和危险之间的有一定程度的挑战性非常重要,同时全身心投入到一项任务中的"畅快感"是一种内在激励。阿玛拜尔(Amabile, 1996)提出内在激励是创造力的一项很重要的决定因素。她将一项创造性的任务定义为本质上具有探索性的任务(没有确定的通往解决方案的道路),将创造性的结果定义为对这样一种任务的新的、合适的(有用的)反应。这两个条件显然都适用于产品或服务的开发。

　　总之,同从实际开发的产品中获得的收益一样,由于个体用户创新者从产品开发或改良过程中所获得的收益,他们可能会选择创新,即使创新的产品本身预期收益相对比较低(公司的员工可能也希望在工作中体验这种类型的内在激励,但是管理者和商业约束使得他们可能很少有机会这样做。事实上,"能控制自己的工作"被许多编程人员证明是他们更陶醉于作为开源软件项目志愿者编程而不是因为老板付工资编程的理由)。

5

第五章

CHAPTER FIVE ——————— 用户的低成本创新利基

解决问题的过程

产品和服务开发的核心是解决问题的过程。对问题解决本质的研究表明,这是一个尝试错误,并反复试验的过程,这个试错的过程会受到对解决方案所在方向的窥见的引导(Baron, 1988)。试错过程在产品和工艺开发的问题解决过程中也很重要(Marples, 1961; Allen, 1966; von Hippel & Tyre, 1995; Thomke, 1998, 2003)。

试错的问题解决过程可以视作是一个四阶段的循环,在新产品或服务的开发过程中一般要重复许多次。问题解决者首先提出一个问题,并基于自身的知识和理解形成相关解决方案;然后,他们制定问题解决方案和预计使用环境的实体或虚拟原型;再次,他们开始试验——他们实施原型化的问题解决方案,看看发生了什么;最后,他们分析结果以了解在试验过程中发生的事情,评价他们所获得的"关于错误的信息"(在学习过程的试错中,错误是试验者在试验中所获得的新信息,是一种学习:它们是试验者没有预期到的结果)。开发者随后利用这些新学到的成果来修改和完善问题解决方案,以便开始新一轮的尝试(图 5-1)。

试错过程可以是正式的或非正式的,其基本原理是相似的。非正式的过程,可以看一个用户遇到新需求,然后开始开发,最终生产出新产品的例子:滑板。在循环的第一阶段,用户将所遇到的需求

设计需求

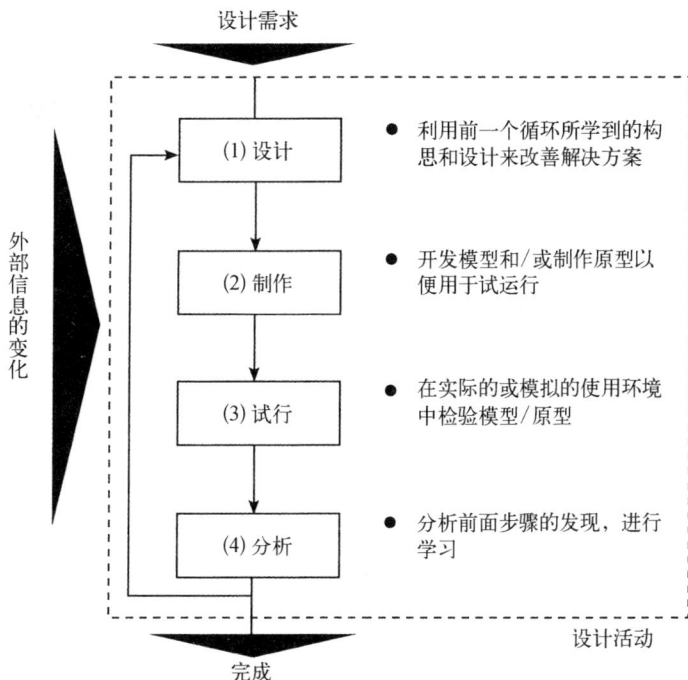

外部信息的变化

(1) 设计
● 利用前一个循环所学到的构思和设计来改善解决方案

(2) 制作
● 开发模型和/或制作原型以便用于试运行

(3) 试行
● 在实际的或模拟的使用环境中检验模型/原型

(4) 分析
● 分析前面步骤的发现，进行学习

设计活动

完成

图 5-1 产品开发过程的试错循环

和相关问题解决信息结合产生一个创意："我厌烦了用四个轮子来滑旱冰，我如何才能更刺激地从这座山上滑下来？也许我将旱冰鞋上的轮子装在一块板上，用它来滑行可能比较有趣。"第二阶段，用户将他的旱冰鞋拆开，将轮子装在板下，制作了一个原型。第三阶段，他开始试验，登上滑板从山上冲了下来。第四阶段，他从最初的摔倒中爬了起来，开始思考所获得的有关失败的信息："看来站在这块东西上面比我想象的要难。这里有什么不对劲的地方？在我下次从山上下来之前，我能作哪些改进？"

　　比较正式的例子，可以看一个产品开发工程师在实验室中改善汽车引擎的例子。在第一个阶段，需求和问题解决信息相结合产生一个设计创意："我需要改善引擎的燃料效率。我觉得使汽缸中的燃料在燃烧时膨胀更均匀是一个可能的解决方向，而改变火花塞电极的形状也许可以做到这一点。"第二阶段，这个工程师制作了一个包含了她的新创意的火花塞。第三阶段，她将新的火花塞放入用于试验性测试的引擎，这个引擎特别安装了精密的设备以测量汽车引擎汽缸中燃料燃烧快速蔓延的过程，然后开始运行试验。第四阶段，她将数据输入计算机并分析结果。她对自己提问："火花塞设计的改变是否如预期一样改变了燃烧的分界线？它是否提高了燃烧效率？从这次试验中我能学到什么从而来改善下次的试验？"

　　除了在正式程度上不一致以外，这两个例子还有一个重要的不同。在第一个例子中，滑板使用者是亲自在真实的环境中对预期产品的完整原型进行反复试错。而在第二个例子中，试验的火花塞可能是真实产品的完整原型，但它可能只是真实的火花塞的一部分，实际上真正的火花塞要插入到燃烧室。同时，实验室试验只是模拟了使用环境的部分状况，即，检测的引擎并不是真正的汽车引擎，而且也不是在真正的道路上真正的汽车运行时进行操作。

　　试验时通常使用所设计的产品以及预期的使用环境的简化版——模型。这些模型可以是实物的（如上述例子中），也可以是虚拟的（如，思维试验或计算机模拟）。在计算机模拟中，产品和环境都以数字形式表现，他们之间的互动完全在计算机上进行。例如，人们可以设计一个汽车和防撞隔离墩的数字模型,然后用计算机模拟模型汽车和模型隔离墩相撞,就可以通过计算分析相撞对汽车结构的影响。

在试验中采用模型而不是真实的物体有两方面的意义。首先,它可以降低一项试验的成本——模拟宝马车相撞比用实际宝马车相撞便宜得多。其次,通过简化试验过程或者试验不同的情况,它可以使得试验结果更清楚。例如,如果有人想要检测一下一个小变化对汽车安全性的影响,那么,在试验中他可以撇开其他所有与这个变化没有关系的事物。举个例子,如果有人要检测一个特定的汽车悬挂装置在撞击中受损的过程,他不需要去知道(或者花费时间去计算)撞击过程对尾灯的影响。而且,在真实的撞击中,撞击只发生一次并且非常快速;而在计算机模拟的虚拟撞击过程中,人们可以反复地重复撞击过程,可以精确地延长或者压缩时间,以便更好地了解事情发生的过程(Thomke,2003)。

在真实的使用环境中用真实的原型进行试验的用户和其他人也可以作一些改善以使得试验过程更简单、清楚。例如,一个餐厅大厨每次可以对顾客所点的菜的配方的某个部分作些细微的改变,从而更好地了解调整的效果并作出进一步的改进。同样地,一个工艺设备的用户可以每次只试验设备功能的一小部分,反反复复,从而来检测变化的效果并且分析错误。

设计师在试验经过多次改进的模型后(这些模型将单独试验真实事物的不同方面并且/或者逐渐增加真实情况的复杂度),有时候会在真实的试验环境对真实的物体进行检测。例如,药物开发者在进行临床试验检验药物对真实病人的影响前,可能从药物所要影响的酶或者在受体上试验备选的药物成分开始,然后在更复杂的人体组织原型(如组织培养、动物等)上不断试验直至成功(Thomke, von Hippel & Franke, 1998)。

黏 滞 信 息

任何试验的正确程度都取决于输入信息的正确程度。如果输入不正确,结果必然不正确:"垃圾进,垃圾出。"

产品开发和服务开发的目的是创造一个解决问题的方案以满足真实使用环境中真实用户的需求。这些信息越完善、越准确,用于检验的模型就越逼真。如果信息可以不需任何代价地从一个地方传播到另一个地方,那么问题解决者所获得信息的质量就不会很差,信息的质量也不应该受到所在位置的限制。但是如果信息的传播是有代价的,事情就不一样了。例如,用户创新者就比制造商们拥有更好的有关自身需求和使用环境的信息。毕竟,他们创造了这种完全真实的信息并生活在其中。而制造商创新者们,必须以一定的成本将这些信息转换成自己的信息,而且有时甚至不论花费多大代价都无法获得完全真实的信息。但是,制造商们可能制作出比用户更逼真的问题解决模型。

这表明许多产品和服务设计者所需要的信息是"黏滞的"。在具体的情形中,信息单元的黏滞程度是由将信息单元以特定信息搜寻者可使用的形式转移到一个具体的场合所需要的代价来定义的。代价越低,信息黏滞程度就越低;反之,黏滞程度就越高(von Hippel,1994)。有关工艺技术信息从一个地方向另一个地方转移(在双方充分合作情况下)的成本的研究发现,这种信息**确实**经常是黏滞的。即使是在双方合作这样有利的条件下,成本也是非常高的——高到研究者得出这样的结论:产品和服务开发过程中的信息转移成本很可能至少是相当高的。例如,提斯(Teece,1977)对26项国际技术转移项目进行了研究,发现信息转移成本占了总项目成本的2%~59%,平均为19%——一个相当大的比重。曼斯菲尔德等人(Mansfield et al.,1982)也研究了许多向海外工厂转移技术的项目,发现技术转移的成本大约占了项目总成本的20%。温特和苏兰斯可(Winter & Suzlanski,2001)研究了在新的地方复制众所周知的组织流程的例子,发现这个过程非常困难,并且代价昂贵。

为什么信息转移如此昂贵?"黏滞"这个术语只是描述了结果,而不是原因。信息的黏滞可能由信息本身的性质和信息所有者所要求的信息使用费而引发。考虑一下信息的隐含性——缺乏明确的编码。波兰尼(Polanyi,1958,pp.49~53)注意到人类的许多技能是隐性的,因为"熟练的技能是通过对一系列规则的观察而实现的,对于这些规则,人们在遵循的同时往往并不太清楚"。例如,游泳者通常并不知道使他们自己浮起来的规律(如在呼气时不要将肺部的气全部排空），医生也通常不知道他们诊断疾病的规则。"事实上，"波兰尼谈道，"即使在现代工业中，无法定义的知识仍然是技术的一个重要组成部分。"隐性的信息同样是黏滞的，因为他们不能以低成本进行转换。正如波兰尼指出的，"一项手艺无法详细说明，无法用技术配方来传授，因为根本没有技术配方存在。它只能通过师父向徒弟示范的方式来传授给徒弟……"通过师徒传授是一种成本相对较高的传递模式。

另一个导致信息黏滞的原因与吸收能力有关。一个公司或者个体吸收新的、外部的技术信息的能力在很大程度上取决于先前拥有的相关的知识（Cohen & Levinthal, 1990）。因此，一个没有任何电路设计知识的公司，如果希望将一项先进技术用于电路工程中，若不首先学习基础信息就可能无法成功。这样，对这种公司而言，先进技术信息的黏滞程度比那些已经拥有基础信息的公司要高（回忆一下，信息单元的黏滞程度根据将信息单元以**特定**信息搜寻者可使用的形式转移到一个具体的场合所需要的成本来定义）。

与解决一个具体问题相关的信息的黏滞程度也取决于问题解决者所需要的信息量。有时，需要的信息量是很大的，这有两个原因。第一，如罗森伯格（Rosenberg, 1976；1982）和纳尔逊（Nelson, 1982；1990）所提出来的，许多技术知识要考虑如何处理细节和特殊情况；第二，人们无法在问题解决之前知道什么才是重要的具体项目。

我和泰尔（von Hippel & Tyre, 1995）的一个研究很好地说明了这两点。我们研究了新生产设备第一次引入工厂使用时出现失败的情况及原因。其中的一个设备是计算机制造公司使用的自动化设备，它的作用是将大型集成电路安装在计算机电路板上。用户公司要求一个集团开发他们所需要的产品。这个公司开发并生产了一个具有机器视觉系统的机械手臂，这个机械手臂，通过视觉系统的引导，可以捡起集成电路，然后将它们安装在电路板的正确位置上。

这个新的元件安装设备被安装在工厂后，失灵了许多次，因为它的开发者缺少一些关于需求和使用环境的信息。例如，有一天设备操作员报告设备——又一次——出故障了，他们不知道为什么。问题调查一直追踪到这个机械的机器视觉系统。这个系统是采用了一个小的电视摄像机来给一种金属质地的电路定位，将其安装在加工的每块电路板的表面。要做到这一点，系统必须能在电路板表面颜色的背景下清楚地"看到"这些金属质地的电路。这个由设备开发集团开发的视觉系统在实验室中用来自工厂的样本电路板试验时能良好地发挥功能。然而，现场的试验表明，当加工的电路板的颜色是淡黄色时，这个系统就失灵了。

工厂加工的电路板的颜色有时**是**淡黄色的这一事实令设备开发集团非常震惊。工厂提供设备细节说明的员工知道加工的电路板颜色有时会有所不同，但是，他们没有主动提供信息，因为他们不知道开发商会对这个感兴趣。在这个设备开发过程的早期，他们只是将工厂使用的电路板样本提供给设备开发商。而凑巧的是，这些样本电路板都是绿色的。基于这个情况，开发者假设工厂加工的所有电路板都是绿色的。他们也没有询问用户"你们通常生产的电路板的颜色有多少种？"因此，他们设计了能在绿色电路板上成功运行的视觉系统。

在这个现场失败的例子中，用户很清楚有助于理解和预测问题所需的信息项目，可以很简单地提供给设备开发商——如果开发商能想到询问一下和/或用户能想到主动提供（这些信息）。但是事实上，整个过程中这件事都没有发生。这里重要的是，这种忽略并不是因为缺乏实践，而是因为有关问题解决者**潜在**的与需求和使用环境有关的信息量是非常巨大的。请注意，使用环境和新设备包含了许多高度具体化的特征，它们可能相互作用而导致现场出现问题。也请注意，在这个特定的失败案例中，导致失败的电路板的特征是非常小而具体的。即，问题不是电路板具有物理属性，也不是它有色彩。准确的问题是有时候电路板是黄色的，一个具有特定色度的黄色。电路板，同其他大部分组件一样，具有除了色彩之外的其他许多特征（形状、尺寸、重量、化学成分、谐振频率、电容率、弹性等）。问题解决者为了学习有关使用和使用环境的所有内容，很可能需要收集非常大量的（甚至是多到无法完成）非常具体的信息项目。

下一步，问题解决者真正所需要的信息项目（有许多已经存在）依赖于设计产品的工程师所采用的问题解决路径。在上面的例子中，由于电路板的黄色而带来的问题取决于工程师在解决元件安装问题的开发过程中所使用的解决方案。即，只有当工程师们在元件安装设备的开发过程中决定在他们所设计的元件安装设备中使用视觉系统时，用户工厂电路板的颜色才成为问题解决者所需要了解的项目;而只有当设计师们选用了电视摄像机并且进行照明,无法识别黄色电路板上金属质地的电路时,电路板是黄色的这一事实才是相关信息。显然,将产品和服务开发者可能需要的众多信息项目从一地传递到另一地可能非常昂贵——即使每个项目的黏滞程度都很低。

信息不对称如何影响用户
创新和制造商创新

信息黏滞的一个重要结果是它导致了难以轻易消除的信息不对称。不同的用户和制造商可能有不同的信息储备,他们可能发觉获取他们没有掌握但需要掌握的信息代价昂贵。结果,每一个创新者都试图在已经拥有的黏滞信息的基础上进行创新,因为这样成本最低(Arora & Gambardella, 1994; von Hippel, 1994)。在产品开发的具体例子中,这意味着用户作为一个整体,往往深深地依赖于他们所拥有的关于需求和使用环境的信息进行创新;同样地,制造商作为另一个整体,则很大程度上依赖于他们所专长的问题解决类型的信息进行创新。

在创新的研究中,这种影响很明显。雷各斯和我(Riggs & von Hippel, 1994)研究了用户和制造商对改善两大类科学仪器的功能所作的创新。我们发现,用户倾向于开发使得仪器能第一次做完全不同性质的事情的创新;相反,制造商倾向于开发使得用户能够更便利或更可靠地做过去做过的事情的创新(表5-1)。例如,用户第一次改良了仪器,使得他们能显示和分析亚微量纲的磁畴。相反,制造商第一次进行了电脑化的仪器校正,使得操作更方便。如数据所示,灵敏度、分辨率、精确度的提高处于两者的中间位置。这些类型的改良可以是由寻求做特定的不同事情的用户进行的,也可以是由用他们的技术专长沿着已知的优点维度——如精确性——改善产品的开发商进行的。

表5-1　　　用户倾向于开发具有新功能的创新			
创新所作的改进类型	创新开发者		
	用户	制造商	n
新的功能	82%	18%	17
灵敏性、分辨率、精确度的提高	48%	52%	23
便利性或可靠性提高	13%	87%	24
总样本规模			60

表5-1所显示的创新类型的定位不同,正好与我们从信息黏滞角度所作的预期一致。但这些结果没有控制盈利能力因素,所以从新功能中所获得的利润可能低于从对已有功能作改良而获得的利润。如果确实如此,它也可以解释我们所看到的模式。

小川进(Ogawa,1998)完成了必要的下一步,进行了一个对创新机会盈利能力进行控制的实证研究。他也发现了黏滞信息效应——这一次是在产品开发项目中的劳动者方面。他研究了24个存货管理创新项目的开发模式。所有这些项目都是由一家日本设备开发商——日本电气株式会社(NEC)——和一家用户公司——日本7-11公司(SEJ公司)——合作开发的。7-11公司,一家在日本领先的便利商店公司,以其存货管理而著名。通过采用创新的方法和设备,7-11公司在一年内能周转存货30次,而竞争者一年周转存货仅有12次(Kotabe,1995)。7-11公司和NEC合作开发的一个例子是准时续货系统,这个例子中,进行新设计任务时,7-11公司设计了程序而NEC负责提供设备来帮助商店员工。销售给7-11公司的设备对NEC非常重要:因为7-11公司在日本拥有几千家商店。

小川进所研究的24个创新项目的每一个项目,在所需的来自用户的黏滞需求信息(与商店的存货管理实践有关)和所需的来自制造商的黏滞方案信息(与新的设备技术有关)的数量方面各不相同。而且,用户和制造商对每一个项目的利润预期也各不相同。小川进确定了有多少设计是用户公司所做的,有多少是制造商公司完成的。控制了盈利预期后,他发现用户信息黏滞程度的增加会导致用户的需求相关设计的显著增加(肯德尔相关系数 = 0.578 4, $p < 0.01$)。相对地,他发现技术相关信息的黏滞程度增加与用户的技术设计量的显著下降有关(肯德尔相关系数 = 0.478 9, $p < 0.05$)。换言之,产品开发项目中需求密集的任务往往由用户完成,而方案密集型任务往往由制造商完成。

低成本创新利基

正如用户和制造商分别作为一个类别之间存在着信息不对称,

单个用户公司和用户个体之间也存在着信息不对称，单个制造商之间也是如此。卢杰、赫斯塔特和我（Lüthje，Herstatt & von Hippel，2002）对山地车的研究表明，个体用户创新者所掌握的信息对他们的创新类型有很大的影响。

山地车运动需要在崎岖的地形上骑自行车，如进行山地旅行。它也包括在其他极端的条件下，如在雪地、冰地以及在黑暗中骑车（van der Plas & Kelly，1998）。山地车运动始于20世纪70年代早期，一些年轻的自行车手开始用自行车进行越野运动。已有的商业自行车不适合在这种崎岖的地面上骑行，所以，早期的用户将他们自己的自行车组合在一起。他们使用了牢固的自行车架、低压轮胎以及用于摩托车的鼓式制动器，他们将自己的发明称作"老爷车"（Penning，1998；Buenstorf，2002）。

山地自行车的商业化制造大约始于1975年，此时有些早期的山地车用户开始为他人制作山地车，一些小型企业开始成立，到1976年在加利福尼亚马林县（Marin County，California）已经有6家小型的装配企业。1982年，一家小型企业——一个自行车和自行车零部件（供应给马林县的自行车装配企业）的进口商——闪电自行车公司（Specialized），前进了一步，开始第一次大量生产山地车。大型自行车制造商随后跟进，开始生产山地车，并且在全美的普通自行车商店销售。到20世纪80年代中期，山地车已经完全进入自行车主流市场，并且逐渐增长到非常庞大的规模。2000年，美国自行车市场的零售收入来自山地车系列的大约有580亿美元（65%）（美国体育用品公会,2002)。

推出商业化制造的山地车后,山地车爱好者们并没有停止他们的创新活动。他们继续努力在更极端的环境条件下进行山地车运动,不断地为山地车开发新的运动功能(《山地车》,1996)。其中有些人开始用自行车从屋顶或水塔往下跳,并且开发了一些其他的特技。在这样做的过程中,他们对山地车的要求不断提高。其中许多车手就开始开发和完成这种改良过程以满足自己的需要。

我们的山地车手样本来自被车手们称为美洲的北海地区——从不列颠哥伦比亚省(British Columbia)到华盛顿州(Washington State)这一带。专业的山地车手告诉我们这里是一个"热点",新的骑术在这里发展,这项运动在这里不断被推向新的极限。我们对北海山地车运动俱乐部的成员、两个北海在线山地车论坛的邮件接收者进行了问卷调查以获取数据。所收集的信息来自291名山地车手。回答问卷的车手有19%报告他们为了自己的使用而开发和制作了新的山地车或者对山地车的某些地方进行了改动。这些用户开发的创新适合他们自己的需求,在功能上有很大的不同。

我们询问了山地车手,是谁提出了需求以及他们在解决问题的过程中所需要的方案信息的来源。84.5%的应答者非常认同他们的需求信息来自**他们经常遇到的个人需求**的说法,而不是来自他人的需求信息。至于方案信息,大部分应答者非常认同**他们使用了自己已有的问题解决信息**的说法,而没有为了进行山地车创新去学习新的解决问题的知识(表5－2)。

下表中显示的是创新者对"你如何获得开发问题解决方案所需要的信息"的回答。

表5－2 用户倾向于利用他们已有的"库存"问题解决信息来开发他们的创意			
	均值	中位数	很高或高度同意
因为我的专业背景我拥有这些信息	4.22	4	47.5%
我从山地车运动和其他爱好中获得这些信息	4.56	5	52.4%
为了开发我的创意我进行了学习	2.11	2	16%

资料来源: Lüthje et al.,2003。N=61。问卷采用7点量表,其中1表示一点都不真实;7表示非常真实。

讨　　论

由于用户具有不同的、黏滞的需求和问题解决信息,他们就可能有不同的低成本创新利基。用户在这些利基中可以成为一个非常老练的开发者,不管他们对自己已有的需求信息和问题解决信息的信心程度究竟如何。从需求方面看,这些用户创新者通常是领先用户,在引发他们需求的领域和活动方面是个专家。从解决问题方面看,公司用户可能是世界级别的专家;个体用户也可以拥有高水平的问题解决技术能力。但毕竟,他们在那时都是学生或雇员,在接受从航空航天工程到整形外科方面的训练或在这些领域工作。因此,山地车手并不会想要**学习**整形外科知识以改良他们的车子装备,但如果他们已经**是**这个领域的专家,他们会自然地利用他们所知道的问题解决信息。看看我们前面已经讨论过的山地车研究的例子:

> 我是一个人类运动科学家,研究人体工程学和生物力学。我在我的设计中应用了我的医学专业知识。我设计了一种可以适用于不同的骑行条件(下坡、爬坡)的结构。我在 Catia 软件上进行 CAD 结构设计,这个设计包括了一个弹簧或空心线圈,可以用于不同重量的车手。我计划明年制作这辆山地车。

用户的低成本创新利基可能非常小,因为他们进行试验所用的开发"实验室"主要是他们自己的使用环境和活动习惯。考虑一下个体山地车手的低成本创新利基。许多山地车手通常对某一种特定类型的山地车运动比较专业。这种专业的不断重复的运动实践导致他们相关专业技能的不断提高。而这,反过来可能会使得他们发现现有的山地车装备中所存在的某些问题,然后进行相应的创新。因此,我们所研究的山地车运动中的一个创新用户这样说道:"我在做空中特技的时候,需要将双脚离开自行车踏脚,这时踏脚经常会转动,这会使得我在着陆之前很难准确地将脚放回到踏脚上。"这种问题只有当用户在一些特殊的空中飞越或特技表演等方面有高超的技巧时才会碰到。但是,一旦遇到并确定这些问题,这些有经验的专家用户就会联想到日常实践中所碰到的出现同样问题的情况。于是他们会建立一个低成本实验室来检验和比较不同的问题解决方案。用户从他所选择的活动中体验快乐，同时通过干中学来开发新事物。

形成鲜明对比的是，如果同样的用户决定离开自己的活动领域，开发符合他人需要但与自身的要求不太吻合的创新时，会增加创新的成本。为获得同样性质的创新环境，这个用户需要投资开发与创新主题相关的个人技术。只有用这种方式，他对问题的理解才会同这个技能的实践者一样深入，才可能获得适合开发和检验这些新问题的可能解决方案的"现场实验室"。

当然，这些观点也可以应用于公司用户和个体用户。一个大理石地板抛光公司是大理石抛光设备和技术的用户，他们有一个低成本的用于改良的学习实验室，这样他们可以在日常的业务活动中在"实验室"中进行试错学习。创新成本可能非常低，因为创新活动的部分成本被这些活动所可能产生的与新设备或技术无关的回报所补偿。公司在创新的时候就在进行抛光——他们可以从这项工作中得到回报（Foray，2004）。大理石地板抛光公司的创新利基可能非常小。例如，在对木地板抛光的创新方面就不可能有任何专业优势，因为木地板抛光需要不同的设备和技术。

第六章

为什么用户常常无偿
公开创新

如果用户开发的产品、服务和工艺能以某种方式扩散开来，使得其他人也能从中获利，那么这些创新对社会而言就非常有价值。如果用户创新没有进行传播，那么具有相似需求的其他用户就需要投资来（重新）开发相似的创新，从社会福利角度看，这是对资源的不充分利用。实证研究表明，用户开发的全新或改良产品通常被大范围扩散——并且以人们意想不到的方式进行：用户创新者通常自愿向所有人公开由他们开发的创新，任何人都可以检验、模仿或修改这些创新，而不需要向创新者支付任何费用。

在本章中，我将首先用证据表明无偿公开是经常性的；然后，我将从创新者角度来探讨无偿公开这一事实，认为这是用户能得以从创新中获利的最佳**实践**方式；最后，我将探讨无偿公开对创新理论的意义。

无偿公开创新行为的证据

当我的同事和我谈到一个创新者"无偿公开"专有信息时，我们指的是创新者自愿放弃专有信息的所有知识产权，所有人都可以平等地获得这些信息，即，这些信息成为公共物品（Harhoff, Henke & von Hippel, 2003）。例如，将非专利的信息放置在公众可以获取的地方，如杂志或公共网站上，就是我们所定义的无偿公开。这样定义的无偿公开，并不意味着公开信息的接受者们不需要付出任何代价。

例如,信息接收者可能需要订阅杂志,或者到创新现场访问以获取无偿公开的信息。同样,有时可能还必须获得补充信息和其他资源,以充分理解并使用这些信息。然而,根据我们的定义,如果信息所有者并没有从信息采用者的付费中获利,那么信息就是无偿公开的。这个无偿公开的定义是相当苛刻的,因为公开时如果有一些小的限制——有时会这样做——这样做的经济效果也基本(与无偿公开)相同。虽然如此,在严格的无偿公开定义下,发现创新经常被无偿公开是很有意义的。

艾伦(Allen,1983)最早研究了追逐利润的公司常规性地、有意地无偿公开创新的现象。他从 19 世纪英国制铁业的历史记录中注意到了这个现象,他称之为集体发明。在这个行业,人们用大熔炉将矿砂高温加工成铁。1850 ~1875 年间,人们在不断改善熔炉的两个方面特征:增加烟囱的高度,提高进入熔炉的助燃空气的温度。这两项技术变革显著地,并且越来越多地改善了制铁业的能量效率——这对生产商而言非常重要。艾伦注意到一个令人惊异的事实:在一些专业社团的会议以及出版材料中,来自相互竞争的公司的员工公开了其熔炉设计改良的信息以及相关的绩效数据。

继艾伦的研究之后,许多其他的作者也研究了以盈利为目的的公司之间无偿公开创新的情况,并且经常能发现同样的事实。卢沃拉瑞(Nuvolari,2004)研究了与艾伦的研究处于相同时期的类似主题,发现在 19 世纪用于矿井抽水的蒸汽机的改良创新方面也存在着类似的无偿公开的模式。在那个时期,采矿活动经常因为不同深度的矿井受到水淹而延误。卢沃拉瑞研究了英国康沃尔地区（Cornwall District）用蒸汽机为铜矿、锡矿矿井抽水的技术的历史。在这里，19世纪詹姆斯·瓦特发明的专利蒸汽机已经被广泛应用。瓦特的专利到期后，一个名叫理查德·特莱威狄的工程师在 1812 年开发了一种新型的高压蒸汽机。他没有申请发明专利，而是将他的设计免费向所有使用者公开。这个蒸汽机马上就成为康沃尔地区使用的基本样本。许多矿厂的工程师进一步改善了特莱威狄的设计，并且将他们的创新在月刊 *Leans Engine Reporter* 上发表。这个月刊是由一些矿厂的管理者开办的，其目的非常清楚：帮助快速推广这些由相互竞争的公司产生的最佳实践方案。

较近的一些用户开发的工业设备创新案例中也记录了无偿公开的行为。立姆（Lim，2000）报告，IBM 公司首先开发了在线路元件之间使用铜连接代替传统的铝连接的半导体生产工艺。经过一段时期后，IBM 公司向对手用户和设备供应商公开了这个专有的工艺信息。泰克尼康公司（Technicon）开发的用于医学诊断的自动化临床化学成分分析仪案例中也存在广泛的无偿公开现象。许多用户在购买了基本的商业分析仪后，对分析仪和它的临床检验过程作了极大的改进。这些用户，通常是医学界人士，通过出版物和公司发起的研讨会无偿公开了他们所作的改良（von Hippel & Finkelstein，1979）。米斯纳（Mishina，1989）在平板印刷设备产业发现了无偿的或者至少是有选择的无偿公开现象。他报告，创新的设备用户有时会公开他们的创新。莫里森、罗伯特和我在对图书馆 IT 搜索软件的研究（第二章已经探讨过)中发现,创新用户对他们开发的软件修订中的56%进行了无偿公开。没有公开创新的原因也与知识产权保护方面的考虑无关:那些用户认为他们没有方便的用户组织论坛来公布这些信息,以及/或者他们认为他们的创新太专业,其他人不会有兴趣。

运动器械的创新用户也会无偿公开他们的全新产品或改良产品。法兰克和沙(Franke & Shah, 2003)对4个体育狂热爱好者社团的研究(第二章已经描述过)发现,创新用户一致认同在整个社团内无偿共享创新的想法,但同时强烈反对出售创新($p < 0.001$,独立样本t检验)。有趣的是,在所研究的4个社团中有两个社团的成员彼此从事明显相互竞争的活动。正如人们可以从无偿公开创新可能带来的高昂竞争损失的角度所期望的那样,在这两个社团,创新者报告的共享意愿尽管仍然较高但相对(其他社团)有所减少。

许多现有的开源软件项目(2004年SourceForge.net上列示的有83 000多项)的贡献者已习惯性地公开他们所编写的新源代码。著名的开源软件产品包括Linux操作系统和阿帕奇网络服务器软件。有些开源软件提供许可时附有一些条件,以确保这些源代码作为一个信息公地可以为所有人所获取。因为这些额外的保护,开源软件代码与本章前面所定义的无偿公开行为十分一致(开源软件的许可会在第七章详细讨论)。

汉克(Henkel, 2003)的研究表明有些无偿公开发生在相互直接竞争的制造商之间。他研究了那些对内置的Linux软件(这些软件被"内置"于包括从照相机到化工厂的设备中)进行修订和扩展的制造商竞争者。他发现这些制造商在共享的公共软件平台上无偿公开对软件的改进，并且在一段时间后，也对他们编写的设备专用的大部分源代码进行公开。

无偿公开创新行为的实践

创新的"私人投资模型"假设，如果，或者当创新者可以从创新中获得显著的利润时，创新者会进行私人投资以支持创新。在这个模型中，对私人投资开发的专有知识的任何无偿公开或无回报的"溢出"行为都会减少创新者的利润。因此它假设创新者会努力避免相关创新信息的溢出。从这个模型的角度看，无偿公开是一件令人惊奇的事情：创新者有意地将他们投入资金开发的信息进行无偿公开的行为看来没有任何意义。

在接下去的第一小部分我将解释这个让我们困惑的问题，指出无偿公开通常是用户创新者所能得到的**最佳实践**选择。哈霍夫、汉克和我（Harhoff, Henkel & von Hippel, 2003）发现在实践中大部分创新者很难保护他们的创新不被直接或近似地模仿。这意味着实践选择通常**不是**如私人投资模型所指出的那样——创新者应该自愿无偿公开他们的创新，还是保护他们？事实上，用户创新者面临的真正选择是：是否自愿无偿公开他们的创新，或者通过自然而然的溢出达到同样的结果（当然后者可能有一定的滞后）？由于无偿公开可以低成本完成,所以这种实践选择被不断强化,并且它也会为创新者带来私人收益。当无偿公开的收益超过通过保守创新秘密或特许创新所能带来的**实际**收益时,对于以盈利为目的的公司和个体而言,无偿公开就是他们更偏爱的行动方向。

其他人经常知道一些与"你的"秘密很接近的东西

创新者寻求保护他们开发的创新,因为知识产权必须建立一定形式的垄断以控制相关的创新信息。在实践中,可以将这些信息作为商业机密或通过专利或版权进行法律保护来实现这一点(商标也包括在知识产权范围内,不过在这里我们不考虑这些)。不过另外,还必须有以下条件:**其他人**并不知道与这些被保护的信息相关的替代信息以及他们**想**要公开这些信息。如果许多个体或公司具有替代性信息,这些信息也可能因为他们所面临的竞争环境而有所不同。一个具体的创新者保护"他的"创新的知识产权的能力将因此取决于所有这类信息的拥有者,取决于信息拥有者们是否会无偿公开他们自己的创新信息。如果有一个或者多个信息的拥有者预期从无偿公开的决策中不会受到损失或者甚至有所收益,那么不管其他创新者如何尽最大努力避免公开,这个秘密仍将很可能被公开。

一般情况下,许多公司和个体拥有那些对寻求模仿的具体创新者可能有用的信息。这是因为创新者和模仿者很少需要获得一项创新的具体版本。事实上,工程师们甚至很少想要看到竞争对手们已经设计好的问题解决方案：即使是非常相似的竞争者，他们的具体环境也是不同的，所以解决方案的采纳者必须根据他们自己的环境进行调整。一个工程师真正需要从他人那儿获得的是一个可行的改良方案的原理和整体框架，而不是可以简单复制的细节。这些信息可能可以从许多来源获得。

例如，假设你是一个银行的系统开发者，你被安排去改善企业内部在线检验客户信誉的软件。从表面上看，似乎通过学习竞争对手已经开发好的、能完成同样任务的系统的细节可以获得最多程度的信息。的确，竞争对手会面临着与你们的银行非常相似的市场条件，他们当然有充分的理由不向其竞争对手公开他们所开发的有价值的创新。但是，这种情况对模仿者而言并不意味着毫无获得有价值信息的指望了。在世界上还有许多在线信用检验系统的非银行用户——可能有数百万个。有些已经进行了创新，并且愿意无偿公开，这之中会有你所需要的信息。如果你抛开在线信用检验这种具体应用领域来搜寻相关的全新基础性的进步信息，那么一些个体或公司无偿公开你所搜索的信息的可能性会更大，其他领域也会拥有你所需要的问题解决方案**要素**的信息。例如，除了在线信用检验之外，还有许多系统使用了类似的设计软件要素来确定正在搜索信息的人员是否被允许获得信息。任何一个都可能是你进行系统改善的信息元素提供者。

拉卡尼和我（Lakhani & von Hippel, 2003）的发现证明了许多公司和个体拥有相似信息的可能性。拉卡尼和我研究了阿帕奇求助热线网站。这些网站允许对阿帕奇软件有疑问的用户发布问题,其他人可以对这些问题进行回答。研究者询问了那些提供答案的人:有多少求助热线的其他参与者也知道某个具体问题的解决方案,并将所回答的问题放在阿帕奇的网站论坛上? 接受访问的人通常认为有一些甚至可能有不少其他的求助热线参与者也知道问题解决方案,他们虽然没有尝试过但也可能提供答案(表6-1)。

表6-1 甚至非常具体的信息也经常有很多人了解

	经常提供回答者 (n=21)	其他回答者 (n=67)
许多	38%	61%
一些拥有良好的有关阿帕奇的知识的人	38%	18%
一些拥有具体问题经验的人	24%	21%

资料来源:Lakhani & von Hippel,2003,表10。

上表的数据是求助热线信息提供者对以下问题的回答——"你认为有多少人也知道你所回答的问题的答案"。

即使是在秘密掌握在唯一一个个体手中这种不太可能的情况下,信息拥有者也不会发现他们能轻易地长期保守一项秘密。曼斯菲尔德(Mansfield,1985)研究了100家美国公司,发现"平均而言,有关开发决策的信息通常在大约12到18个月内就会出现在竞争对手的手中;而新产品或新工艺的详细特征信息和操作信息在大约1年内就会被泄露出去"。这个现象得到了我们先前提到过的艾伦对19世纪英国制铁业无偿公开行为研究的支持。艾伦(Allen,1983,p.17)

注意到改良的鼓风炉开发者无法使其有价值的创新处于秘密状态，因为"鼓风炉和钢制件的制作可能是由合约商完成，这些合约商就会知道他们的设计"，而且，"设计本身也经常是通过咨询那些在各个公司间不断跳槽的工程师后产生的"。

专利的获利能力较差

下一步，假设单个用户创新者是创新相关信息特定单元的唯一拥有者，并且假设由于某种原因它们难以被替代。这个用户因此就确实拥有对知识产权进行处置的真正的选择权：他可以使得创新处于机密状态，只从内部的使用中获利；他也可以特许这项创新；或者可以选择无偿公开这项创新。我们已经看到，保守秘密的实际可能性很小，尤其是当有许多潜在的相似商业秘密的提供者时。但如果通过专利或者版权合法保护一项创新时，就不需要通过保守秘密的方式控制这项创新。因此，无偿公开创新的公司或个体放弃了通过收取特许知识产权费用获得利润的机会。从实践角度看，如果选择无偿公开，成功的可能有多大？放弃的收益又是什么？

在大多数情况下，知识产权保护的法律形式是专利，并且通常是"实用性"专利（明显的例外是软件业，这里被特许的事物往往受到的是版权的保护）。在美国，实用性专利通常被授予给那些综合物质和/或方法和/或使用形式的发明；它们不会被授予给创意本身、数学公式、自然法则以及任何与道德和公共政策不一致的事物。对于那些可以获得专利保护的客体,所主张的知识产权还需要满足其他标准——有用性、新颖性、对相关领域有经验者而言不是显而易见的等,才可以被授予保护[对于这些标准是否已经达到的检验是基于判断。如果阈值比较低,专利就比较容易获得,反之亦然(Hall & Harhoff,2004)]。

有关专利保护实际价值的研究已经超过 40 年了。不同的研究者发现,在许多产业领域中创新者**并不**认为专利很有用,不管是在阻止他人模仿还是在掌握特许权方面[一些例外的领域包括制药、化学制品、化工工艺等,在这些领域中,专利使得市场可以交易技术信息(Arora et al., 2001)]。许多受访者谈到,获得专利保护并没有促使他们在这一领域比那些没有专利的领域投入更多的研究和开发力量。泰勒和西尔伯斯顿(Taylor & Silberston,1973)报告,32 家公司中的 24 家认为只有 5%或者更少的 R&D 费用的分配是基于能够获得专利保护的。莱温等(Levin et al.,1987)调查了 130 个不同行业的 650 个 R&D 项目,发现所有化工和制药行业的受访者都认为专利是"相对无效的"。曼斯菲尔德(Mansfield,1968;1985)、科恩(Cohen,2000;2002)、阿伦德尔(Arundel,2001)和沙特勒(Sattler,2003)等也报告了相似的发现。

尽管近年来政府加强了执行专利的努力程度,但对一些调查结果的比较表明,1983 年到 1994 年间大公司对专利在保护创新的有效性和促进创新投资方面的评价只有中等程度的增加。当然,也有一些引人注目的例外:有些公司,包括 IBM 和 TI,报告有大量的收入是来自其专利技术的特许。

取得一项专利通常需要花费数千美元,并且需要花费几年的时间(Harhoff,Henkel & von Hippel,2003)。这对许多个体的用户创新者来说,尤其不切实际,对于那些中小企业而言也意义有限。例如,我们难以想象个体用户开发了一项运动器械方面的创新后,会有兴趣投资申请专利以及努力来通过特许强制收费。几乎没有用户试图这么做,正如沙(Shah,2000)的研究表明,很少有从特许权中获得回报以补偿他们所花费的时间和金钱的情况。

版权是一种适用于原创的文字或图像作品(包括从程序码到电影作品)的低成本、直接的法律保护形式。作者并不是必须要申请版权保护;它"随着作者的笔布满每一页"。版权作品的授权使用非常普遍,并且被商业软件公司广泛用于实践。当人们购买了非定制的软件产品时,人们通常只是买到了使用软件的授权,而不是买到了知识产权本身。然而版权的保护也是有限的:只有原创的具体作品本身受到保护,而不是其暗含的发明或创意。这样的结果是,人们可以绕开版权保护。例如,那些想要模仿受版权保护的软件功能的人们,只要编写新的源代码来实现这个功能就可以了。

因为上述原因,我们也许可以得出结论:在实践中用户创新公司或个体选择无偿公开,放弃对其创新的法律保护,很少会牺牲什么利益。

无偿公开行为的诱因

正如前面所提到的,当我们提及创新者"无偿公开"专有信息时,我们指的是创新者放弃了与这些信息相关的潜在知识产权,所有有兴趣的人都可以获得这些信息——这些信息就成为公共物品。这些条件通常用极少的成本就可以达到。例如,创新者可以非常简单地将与创新相关的信息发布在网站上而不需要宣传,那些可能对此感兴趣的人必然会发现这些信息。或者,开发了新工艺设备的公司,可以允许任何可能有需要的公司或个体参观工厂,而不需要宣传他们的发明或工厂参观活动本身。然而,显然有许多创新者超越了这种基本的、低成本的无偿公开形式,他们会花费大量的金钱和时间来确保他们的创新受到广泛的关注,这样创新的信息可以有效地、广泛地扩散。计算机代码的编写者在无偿公开源代码之前,可能会费很大的力气来消灭所有的缺陷,并且以能使潜在的信息接收者容易理解的方式编写代码;机器设备的拥有者可能会重新为他们的机器设备喷漆,并且在行业会议上宣传工厂参观活动,然后为参观者提供免费的午餐。

创新者**主动地**去扩散创新信息,表明无偿公开可能存在积极的、对私人的回报。许多作者已经开始研究这些奖励究竟是什么? 艾伦(Allen,1983)认为,公司或公司管理层所获得的声誉可以抵消无偿公开所减少的利润。雷蒙德(Raymond,1999)、勒纳和泰勒尔(Lerner & Tirole,2002)用这种观点详细解释了开源软件开发项目中的无偿公开现象。他们注意到,无偿公开高质量的源代码,可以提高编程者在同行中的声誉。这种好处会带来其他收益,如增加了编程者在工作市场上的价值。艾伦认为如果所公开的创新在一定程度上是专门针对创新者所拥有的资源时，无偿公开可能为公司利润带来实质性的增长，赫希雷费尔（Hirschleifer，1971）也得出了类似的结论。

无偿公开也可以以其他方式增加创新者的利润。如果这项创新是以付费特许或商业机密的方式而存在的，那么当创新的用户无偿公开一项创新时，与特许收费或保密的方式相比，其直接的结果是增加了这项创新的扩散程度。这个创新用户就可能因为数量效应从创新的扩散中获取更多的收益。这当中存在网络效应（有关网络效应的经典描述是，每一个电话的价值会因为销售更多的电话而增加，因为电话的价值受到在这个网络中可以被联系到的其他人的数量的重要影响）。另外，很重要的一点是，无偿公开的创新如果被其他人采用会成为一个非正式的标准，会比其他版本的创新优先得到开发或/和商业化的机会。如艾伦所建议的，如果一项被公开的创新是以专门适合创新者的条件而设计的，那么就可能成为创新者持久的优势来源。

当其他方面相同时，第一个公布一种特定类型的创新增加了公司用户的创新被广泛采用的机会。这就可能导致创新者争取抢先发布创新。如果专利竞争中不仅仅只有优胜者可以获得成功创新所带来的利润，参与竞争的公司就可能会自愿公开信息。如果快速地成为第二个（创新者）优于相对较慢地成为第一个，为了加快步伐，公司就会有自愿公开信息的动力（de Fraja，1993）。

开源软件项目中的无偿公开动机被研究得最为深入。开源软件开发过程的研究者们报告，创新的用户有多种将他们的源代码无偿公布给开源软件项目管理者和开源用户的动机。如果他们无偿公布了源代码,其他人就能够检测、完善他们所贡献的程序单元,这对所有人都有利。源代码修改者也会因为他们修改的结果可以用在由自愿开源用户组织所传播的开源软件标准版本中而受到激励,因为这表明它随后会被不断更新和维护而不需要创新者的进一步努力。这种志愿者组织的功能类似于制造商不断改善生产的过程,因为只有被用户协调小组批准采纳后,用户对软件的改进才能确保被包含在新的"正式"软件中发布。创新用户还报告,其他因素也激励他们在自由和开源许可的条件下无偿公开源代码,包括对源代码的支持并将它"送回"给无偿公开者,这样做对他们很有意义(Lakhani & Wolf, 2005)。

通过无偿公开产品或工艺创新的相关信息,用户可以让制造商有机会了解这项创新。制造商可能会对它进行完善并且/或者以低于用户们自己生产的成本(向用户)提供创新的产品或工艺(Harhoff et al.,2003)。当这种经过完善的版本提供给一般市场进行销售时,初始的用户创新者(和其他用户)就可以因为使用这些完善的产品或工艺而获利。例如,制造商经常将用户开发的创新("自制产品")在推向市场之前改善得更牢固可靠。同时,制造商经常提供相应的服务,包括现场维护和维修服务等,否则的话,创新用户需要自己为自己提供这些服务。

另一种适用于相互竞争的制造商之间无偿公开创新的不同观点是由汉克(Henkel,2003)提出的。相互竞争的内置 Linux 系统开发者为他们特定的顾客开发适合在具体的硬件中运行的软件,每一个制造商都会无偿公开设备专用的源代码,而不需要担心直接的竞争性复制:因为它主要适用于制造商的顾客所生产的特定产品,对其他竞争者而言价值较低。同时,所有竞争者都可以从无偿公开对基本的内置Linux源代码进行的改良中获利,基于这一点,他们都可以开发出自己的专有产品。毕竟,他们所有产品的竞争优势依赖于他们的源代码等同于或者优于其他制造商的类似产品所采用的专有源代码。另外,Linux软件是硬件的互补品,汉克的案例中许多制造商都会销售这些硬件。经过改良的Linux软件可能会增加他们所销售的互补的硬件产品的销量[关于创新的互补供应动机,哈霍夫(Harhoff,1996)已经建立了模型]。

无偿公开和重复使用

当然,只有当其他人(重复)使用所公开的信息时,无偿公开才有意义。我们很难追踪一个信息公地的访问者获得并使用了什么信息,至今为止在这个重要的问题上也几乎没有任何实证证据。有意义的重复使用信息的形式包括获得有关开发路径的总体观点以及采用或者避免采用具体的设计。例如,那些从开源软件项目软件库下载软件源代码的人们,可以从中学习解决特定软件问题的方法,也可以/或者将下载的源代码的一部分直接插入到他们自己开发的软件程序中。冯·克劳等(von Krogh et al., 2004)研究了开源软件中的后一种源代码再使用的情况,发现这种现象非常普遍。事实上,他们报告他们所研究的项目的软件源代码**大部分**来自开源软件公地或软件库,然后再次利用。

在学术期刊方面,我们也看到无偿公开确实增加了重复使用——这对学术界有重要意义。引用次数就是文章中所包含的信息被重复使用的指标:这篇文章已经被引用该文的作者阅读过,并且非常有用,足以引起阅读者的兴趣。最近的实证研究发现,那些读者可以公开获得的论文——例如,用户可以从作者网站上免费下载的论文——被引用的频率明显大于那些只能从图书馆或者从出版社的收费网站上下载的同类文章。安特曼(Antelman, 2004)发现,文章引用率在逐渐增加,从哲学的45%到数学的91%,她注意到:"不同学科的学者采用公开获取的(文章)的比例令人惊奇地高,并得到了回报——正如(文章被引用情况)所反映出来的。"

理 论 意 义

我们已经知道在实践中无偿公开行为通常是创新者的最佳行动方案。那么我们如何从这些观察到的现象返回到理论? 或者也许可以使得理论更完善一些? 目前关于创新回报主要有两个理论。私人投资模型基于如下假设——私人投资的创新会受到对创新利润的预期的支持。为鼓励对创新的私人投资,社会通过专利、版权、商业机密法规赋予创新者一些对于他们的创新有限制的权利。这些权利旨在帮助创新者从他们的创新投资中获得私人的回报。与此同时,与无偿地、自由地使用创新者所创造的所有知识相比,社会赋予创新者的垄断控制权以及创新者收获的私人利益事实上带来了社会的损失。社会选择承受这种损失是为了提高创新者投资创造新知识的动力(Arrow,1962;Dam,1995)。

第二个关于创新动因的主要模型被称为集体行动模型。它适用于公共物品的供应,其中公共物品用非排他性和非竞争性来定义:如果一个用户消费了它,并不能排除它被其他用户的使用,所有的消费都在同样的条件下进行(Olson,1997)。集体行动模型假设创新者**被要求**放弃他们从一个项目的开发中所获取的知识或者其他资产,使它们成为公共物品。这种要求导致集体项目的产生,它可以避免产生私人投资模型中由于对获取知识的限制而带来的社会损失。但同时,它导致了潜在贡献者的招募与激励问题。因为集体行动项目所带来的贡献是公共物品,因此它们的用户可以选择等待其他人作出贡献,然后搭便车就可以了(Olson,1967)。

有关集体行动的文献用许多方法来解决招募贡献者的问题。奥利弗和马勒维尔(Oliver & Marwell,1988)、泰勒尔和辛格尔顿(Taylor & Singleton,1993)预测,项目目标的说明和人员招募的努力程度应该起很大作用。其他研究者认为激发和协调贡献者的选择动机对集体行动项目的成功是必需的。例如,可以给特别多产的项目成员颁发特殊的证书（Friedman & McAdam，1992；Oliver，1980）。选择动机的重要性表明小群体在执行集体行动项目时可能是最成功的。在小群体中，可以精心地培养每个群体成员的选择动机，也能够比较有效地管理个体的贡献（Olson，1967；Ostrom，1998）。

有趣的是，成功的开源软件项目并没有表现出遵循上面所描述的成功的集体行动项目的任何一条规则。在招募和补充项目人员方面，成功的开源软件项目的目标说明各不相同，包括从技术上的、细小的目标到思想上的、宽广的目标，从精确的目标到模糊的、隐隐约约的目标（例如，可以看 Sourceforge.net 网页上公布的目的说明）①。其次，这些项目只是简单地将他们所希望的目标公布在专门为了这个目的而定制的普通公共网站上，这样人们通过访问这个网站来得到信息，并没有专门的行动以招募人员（例如，访问一下 Freshmeat.net 网站）。同时，样本项目表明，即使是大群体——也许有数千人——也能成功。最后，开源软件项目看来并没有花费任何努力来

---

① 具有新目标的项目的具体例子，可以考虑 Linux 开源软件项目的初始阶段。1991 年，芬兰的一个学生，李纳斯·托沃兹（Linus Torvalds）希望有一个能在他配置了 386 处理器的 PC 机上运行的 Unix 操作系统。那时唯一可以获得的软件是 Minix，但它是商业的、闭源的、售价 150 美元。托沃兹认为这个软件太昂贵了，于是开始开发一个兼容 Posix 的操作系统，即后来的 Linux。托沃兹开始并没有马上广泛的宣传，也没有宏伟的目标，甚至没有试图招募参与者。他只是在 1991 年 7 月 3 日发布的一条消息上简单地陈述了一下他的个人动机，这条消息是给 USENET 新闻组 comp.os.minix 的（Wayner，2000）：因为他正在研究的一个项目（关于 minix），所以他对 Posix 标准定义感兴趣（Posix 是 Unix 设计者的一个标准，使用 Posix 的软件可以与其他基于 Unix 的软件兼容），有人愿意为他指点一下可以机读的最新 Posix 规则吗？ftp 站点比较好。托沃兹收到了不少关于 Posix 规则的回复消息，人们对这个项目表示了普遍的兴趣。1992 年初，许多有经验的程序员为 Linux 作出了贡献，用户人数也每天都在增长。今天，以参与开发者的人数看，Linux 是现有最大的开源软件开发项目。

阻碍对软件的自由使用。任何人都可以自由下载源代码或者在项目网站上寻求帮助，而没有要求回报的道德压力（如，"如果你从这个源代码中获利，请你也贡献……"）。

什么可以解释这些与预期的实践相偏离的行为？换言之，什么能够解释无偿公开私人投资的创新和热情参与的项目以产生公共物品？吉尔格·冯·克劳和我从理论的角度认为，答案需要回到创新的私人投资和集体行动模型所采用的基本假设和约束条件上，对它们进行简化。我们排除了建立一个非常充分而复杂的折衷观点的考虑，努力提供一个用于研究的"清爽"而简单的模型，在这个模型中，私人投资和集体行动的动机可以同时存在，形成一个"私人—集体"创新模型。具体而言，创新的私人—集体模型通过以下两点占据了私人投资模型和集体行动模型的中间地带：

■　去掉私人投资模型中的假设——对私人投资所开发的创新的无偿公开代表着创新者个人利益的损失，因此他们不会自愿公开。在私人—集体模型中，取而代之的假设是，在公地条件下，专有创新的无偿公开可能会增加而不是减少创新者的个人利益。

■　去掉集体行动模型中的假设——一个完全的公共物品的免费享用者从中获得的收益与那些贡献者相同。在私人—集体模型中，取而代之的假设是，公共物品的贡献者**天然的**比免费享用者获益更多，这给不需要项目人员管理的集体行动项目的参与者提供了参与的动机（von Hippel & von Krogh，2003）。

总之，私人开发的创新经常被无偿公开，在通常情况下，这种行为对参与者具有经济意义。创新动机的私人—集体模型可以解释为什么以及何时私人投资创造的知识会无偿提供给所有人。当条件满足时,双方都能够获取最大的好处——新知识由私人投资创造,然后向所有人无偿公开。

第七章

创新社团

现在我们已经清楚,用户经常创新,并且经常无偿公开他们的创新。但是,用户之间的非正式合作是怎样的情况？在创新中,有组织的合作又是怎样的情况？答案是,在用户创新中,这两种情况都很常见。用户与用户之间的非正式合作很平常,如帮助其他用户创新;用户与创新社团有组织的创新也很平常。创新团队通常拥有能提高创新速度和效率的工具和基础设施,运用这些工具和设施,用户能够开发、监测和扩散他们的创新。

本章将首先说明用户创新是非常广泛的,所以可以将其有效地组织在一起。随后,我将以软件开发领域非常成功的一种创新社团形式——自由和开源软件项目为例,探讨这种社团所能提供的功能。最后我要指出的是,创新团队并不仅仅局限于软件之类的信息产品的开发中,为了证实这一点,我将以风筝冲浪运动器材开发中的用户创新团队加以说明。

用户创新是广泛分布的

当用户的需求各不相同,而创新者的信息具有黏滞性时,产品开发活动往往广泛分布于各种用户之间,而不是仅仅由少量高效的用户创新者进行。同时,不同的用户可能会有不同的创新。正如第五章所展示的,个体用户和企业用户往往倾向于能满足自己特定需求的创新,属于自己的"低成本创新利基"。例如,一个专攻高台跳跃的山地车手,如果同时又是整形外科医生的话,他就可能综合这两类知识进行创新：他可能发明一个座位悬椅以减少跳跃着陆时的震动;

而另一个具有不同背景的山地车手——假设具有航空工程方面的知识——就可能综合航空工程方面的知识提出不同的创新。佛莱明（Fleming, 2001）研究了通过已有元素的新组合而进行的创新，发现创新者会利用其在不同社团中的成员资格而将原先无关的元素加以组合。鲍德温和克拉克（Baldwin & Clark, 2003）以及汉克（Henkel, 2004a）则从理论上探讨了这种创新。

这里面的潜在逻辑回应了埃里克·雷蒙德在软件调试的"李纳斯定律"中所提出的观点。在软件业，一些细微的代码错误和缺陷的发现与修补成本非常高（Brooks, 1979）。但是，雷蒙德认为，同样的任务如果能向大的软件用户社团开放，就可以极大地降低成本，并且更快、更有效，因为每一个用户都可能拥有识别和修补其中一些缺陷的信息。因此，雷蒙德认为"假设有一个足够大的程序测试员群体和合作开发库，那么几乎每一个问题都可以被快速地识别，因为对其中的一些人而言，问题的修正方法是显而易见的。或者，不太正式地说'有足够多的眼睛，就可以让所有问题浮现'"，"更多的用户可以发现更多的问题，是因为增加用户就增加了测试软件的途径……对于缺陷特征，每一个用户都有不同的感性认识和分析方法，有不同的看问题的角度。所以增加更多的程序测试员，……就增加了某些人的问题分析方法恰好与某些问题相匹配的程度，这样，对**那个人**而言，问题就很简单"，雷蒙德如此解释（Raymond, 1999, pp.41~44）。

这种情况类似于分散的用户创新，每一个用户都有创新的不同需求和与创新相关的其他资源，这对**那个用户**而言就可以开发一个特定的低成本创新（简单问题）。**若干**用户的资源集合就可能意味着,有些资源正是解决许多创新的开发问题所恰巧需要的(注意,这并不意味着**所有的**创新问题都能被用户低成本地完成,甚至并不意味着用户都能完成这些创新问题。事实上,只有当制造商产品开发的规模经济效应能够被个体用户整体所拥有的更多创新资源所补偿时,用户才会觉得创新比较便宜)。

一些数据支持这些解释。在第二章中,我们看到用户倾向于开发非常不同的创新。为了检验具有商业意义的创新是由少数的还是由大部分的用户开发的,我搜寻了一些记录了后来被商业化的重要创新的功能资源的研究。如表 7 - 1 所示,在这些研究中,大部分归功于用户的重要创新是由不同的用户完成的。换言之,用户创新是广泛分布的,具有不同需求、不同黏滞信息的用户完成。

表 7 - 1　用户创新是广泛分布的,很少有用户完成超过一项的重大创新(NA: 数据无法获取)

在这些重大创新的开发中用户的数量						
	1	2	3	6	NA	样本量(n)
科学仪器[1]	28	0	1	0	1	32
科学仪器[2]	20	1	0	l	0	28
工艺设备[3]	19	1	0	0	8	29
运动器械[4]	7	0	0	0	0	7

资料来源: ① von Hippel, 1988,附录: 门电路(GC)、透射电子显微镜(TEM)、核磁共振(NMR)创新;
② Riggs & von Hippel,Esca & AES;
③ von Hippel, 1988,附录: 半导体和拉挤工艺设备创新;
④ Shah, 2000,附录 A: 溜冰板、滑雪板、帆板创新。

创 新 社 团

用户创新者可能普遍愿意公开他们的信息,但是,正如我们所了解的,他们是广泛分布的,每个人只有一项或少量的创新。如果可以采用一定的方法让他人方便地获取他们的信息,那么就可以提高这些用户整体提供的"无偿公开创新公地"的价值,这就是"创新社团"的重要功能之一。

我将"创新社团(innovation communities)"定义为一个由相互联系的个体和公司组成的有目的的连接,这些个体和公司通过面对面沟通、电子邮件或其他沟通方式等信息转换机制而发生相互联系。他们可以存在于一个成员群体的界限范围内,但并不尽然;他们经常为参与者确定社团的特质——这里"社团"被定义为是一个有目的的"个体连接的网络,能够提供交往、支持、信息、归属感、社会认同感(Wellman et al.,2002,p.4)"①,但也不尽然。

创新社团的成员和贡献者可以是用户和/或制造商。当至少有一些成员创造发明,并且愿意公开(有关信息),同时有人对公开的信息感兴趣的时候,创新社团就可能得以发展。在前面的章节中,我们发现这种条件在用户创新中普遍存在:用户在许多领域创新,并且

---

① 当他们没有这些品质时,更适合称呼他们为网络——但是社团是使用比较普遍的术语,所以在这里我也采用了这个称呼。

经常无偿公开；而这种公开的信息通常被制造商利用来创造具有商业价值的产品——这也是许多用户对这种信息感兴趣的标志。

创新社团通常限定在特定领域中，通常作为与特定创新小类相关的信息的集合点和储藏室。它们可能仅仅由信息库和通讯录（以传统的和电子出版物的形式）组成。例如，userinnovation.mit.edu 就是这样的一个专业网站，研究者可以在这个网站上发布关于用户创新的发现和想法的信息。贡献者和非贡献者都可以无偿地接触和浏览这个网站，非常方便地获取这些信息。

创新社团也可以为参与者提供其他的重要功能。聊天室和公开发布的电子邮件列表使得贡献者可以交流思想、提供互助；还可以提供给社团成员有助于用户开发、评价和整合他们工作的工具——这些工具经常是社团成员自己开发的。

所有上述的社团功能和其他更多的功能都可以在自由开源软件项目的开发社团中找到。这种特别的创新社团为学术界提供了一些值得注意的普遍现象，也引起了公众注意，所以我将对它们加以详细描述。首先我将探讨自由开源软件本身的历史和性质，然后概括开发和维护这种自由开源软件开发项目（基于社团的开发）的关键特征。

开源软件

在编写计算机程序的早期，商业"套装"软件很少——如果你需要能满足特殊需求的特殊程序,你一般是自己编写程序或者聘请他人为你编写程序。20 世纪六七十年代的大部分软件都是由高校和公司实验室中的科学家和工程师编写的,在他们的研究文化中,允许无偿提供和交换自己编写的软件,自己的软件可以建立在他人软件的基础上或对他人软件进行修改,并且可以免费共享修改后的程序。这种共享的行为是"黑客文化"的一个核心特征(在开源程序员社团中,"黑客"是一个褒义词,它代表有才气、乐于奉献的程序员①)。

1969 年,美国国防部下属的国防先进技术研究计划署(DARPA)成立了 ARPANET(先进技术研究计划网),这是第一个贯穿全美的高速计算机网络。这个网络随后连接了数百个大学、国防项目承包商、研究实验室,最后被因特网取代。ARPANET 允许黑客大范围地、方便地、低成本地交换软件源代码和其他信息,也允许他们传播黑客的行为规范。

共享的黑客文化在 20 世纪六七十年代一群以麻省理工学院(MIT)人工智能实验室为基地的程序员——软件黑客中非常常见

---

① 黑客(hacker),名词(原指用斧头制作家具的人):(1)喜欢探索编程系统的详细情况以及拓展其能力的人,与大多数用户相反,他们愿意为了极小的需要而学习;(2)热衷于(甚至是痴迷)编程的人,或者是喜欢编程超过提出编程理论的人;(3)有能力提高黑客价值的人;(4)擅长快速编程的人……(8)[贬义]恶意的管闲事者,试图通过刺探来发现机密信息,即密码黑客、网络黑客,从这个意义上讲这个术语应该是 cracker(Raymond,1996)。cracker 是以破解各种加密或有限制的商业软件为乐趣的人。他们以年轻人为主,对软件的商业化怀有敌意。一般国外对 cracker 和 hacker 有极其明显的区别。hacker 以严格的、天才般的思维感触世界,以漂亮、简洁、完美的程序为自豪,以发现系统及别的 bug 为乐趣。他们一般不看重解密软件。他们研究的范围一般在"突破(hack)",真正的 hacker 突破系统后不破坏系统,认为破坏系统对 hacker 来说是一种侮辱。(译者注)

（Levy,1984），80年代这个群体受到了严重打击，MIT将他们的黑客成员所创作的程序特许给一家商业公司，这家公司基于商业惯例，马上限制了对这个软件的源代码①的使用，这就限制了非公司的个体——包括那些在这个软件开发中起到协助作用的MIT黑客——继续使用它作为未来学习和开发的平台。

杰出的MIT人工智能实验室程序员理查德·斯托曼，因为无法接触到共同开发的源代码而苦恼不已；同时，他也为软件业出现的一个普遍趋势——开发专有软件和不允许其他人研究与修改的软件——而感到不愉快。斯托曼认为这些现象在道义上是不合理的，侵犯了软件使用者自由学习和发明的权利。1985年，他创建了自由软件基金会（FSF），着手研究和传播能保证自由接触由软件黑客开发的所有软件的合法机制。斯托曼这种开创性的思想利用了现有的版权法中的有关规定，软件作者如果愿意让他们的软件成为"自由"软件，可以利用他们自身的版权来签署许可，确保留给未来的使用者许多权利。他们可以很方便地通过签署一个标准的软件许可来出让这些权利。斯托曼开发了用来实施这种开创性思想的许可证书——

---

　　① 源代码是可以被计算机执行以完成程序目标的一系列指令。编程员以源代码的形式编写计算机软件，同时记录这些源代码以及他们程序每一部分的目的和设计的简短书面说明。将一个程序转换成计算机可以实际运行的形式，可以用程序编译器将源代码转换成机器代码。编译过程脱离了程序记录，建立了程序的二进位制形式——由一串串1和0组成的计算机指令序列。二进制码对编程员来说非常难以阅读和理解，因此希望阻止他人理解和修改他们代码的编程员或公司会只公布软件的二进位制码。相反，希望能让他人理解、升级和修改他们软件的编程员或公司会随着软件公布其源代码（Moerke,2000；Silmon,1996）。

通用公共许可证 [GPL, 有时被称为 "版责 (copyleft) ①", 与版权 (copyright) 相对]。这些自由软件的基本权利包括可以无偿使用、研究和修改源代码的权利, 以及无偿向其他用户公开修改或未经修改的版本的权利。其他人也开发了类似的许可证, 现在在自由软件领域有许多这样的证书。自由开源软件许可并不如早先所定义的无偿公开那样给予用户完整的权利, 用户使用具有类似 GPL 这样的许可证的软件时禁止了一些特定的行为, 例如, 用户不能在他们用于出售的专有软件中包含 GPL 软件的内容②。事实上, 开源软件源代码的贡献者们非常关心这种禁令的执行以确保所有用户仍然可以接触到他们的源代码 (O'Mahony, 2003)。

　　自由软件的观点并没有很快成为主流, 产业界对此尤其抱有怀疑态度。1998 年, 布鲁斯·潘伦斯和埃里克·雷蒙德认为在斯托曼的 "自由" 软件这个术语中存在着一个重大问题, 这可能在商人们的耳边敲响了不祥的警钟。因此, 他们和其他杰出的黑客们一起展开了开源软件运动 (Perens, 1999)。开源软件运用了自由软件运动所倡导的许可证形式, 但其主要理念不同于自由软件运动, 更强调它的许可实践的实际意义, 而不是确保用户有运用自由软件和开源软件的自由的道德意义。在实业界和学术界, "开源" 这个术语现在普遍用来表示自由和开源软件, 这也是我在本书中所采用的术语。

---

① 　也译作版权属左、反版权。(译者注)
② 　www.gnu.org/licenses/licenses.hum1#GPL.

开源软件已经成为一种重要的文化和经济现象,开源软件项目的数量在急剧增加。2004 年, Sourceforge.net[①]——一个开源软件项目的主要基础设施供应者和知识库——拥有 83 000 个项目以及超过 870 000 名的注册用户;许多由商业公司开发的软件在开源许可证的条件下发布。

开源软件开发项目

软件能被冠以"开源"的名称与它是如何被开发的以及是由谁开发的无关,这个术语指的是表明应用这个软件的许可类型。然而,开源软件可以让所有人免费获取的事实,已经促进了一些典型开源软件项目开发的实践,它与商业软件开发模式有极大的不同——看起来非常类似于前面提及的"黑客文化"的行为。

商业软件供应商通常希望出售他们开发的程序,所以他们严格限制公司的员工和合约商利用他们软件产品的源代码。这种限制的结果是,只有少数内部人拥有修正和改善这个专有程序的信息(Meyer & Lopez, 1995; Young, Smith & Grimm, 1996; Conner & Prahalad, 1996)。相反,所有人都可以免费接触由作者发布的开源软件的源代码。在早期的黑客时代,这种学习、使用和修改软件的自由是通过信息共享和程序的合作开发来实现的——通常是刻录了程序

① http://www.sourceforge.net.

的计算机磁带和磁盘的实物共享和交换;在如今的互联网时代,计算机硬件、软件和网络技术的快速发展使得共享开发的创建和维持的速度更快,规模更大,同时,由于更易懂的项目设计和通过网络获得的预包装的基础支持,新项目的实施变得日益简单。

今天,开源软件开发项目往往由寻求能满足自身需要的个体或小群体首先发起。雷蒙德(Raymond,1999,p.32)认为"每一个好的软件工作都始于搔到了开发者的痒处","太多的软件开发者将他们的时光消磨于那些他们既不需要也不喜欢的项目中,但是在这个世界(开源世界)中不是这样的……"一个项目的创始人往往成为项目的"所有者"和"养护工",负担起项目管理的责任①。在早期,这些个体和群体往往开发一个能反映其期望功能的粗糙的初始程序版本,所有人都可以从项目的网站上免费下载这种初始版本的源代码。项目创始人同时提供相应的基础设施,以便有兴趣使用和进一步开发程序的人可以用来寻求帮助、提供信息或提供新的开源代码供他人探讨和检验。对于那些能成功引起他人兴趣的项目,其他人会下载、使用、探讨这个程序——其中一些人会继续创作新的或修正的程序,然后当中的大部分会在项目网站上发布他们所做的一切,以便感兴趣的人使用和鉴定。被项目创始人认为具有卓越质量和普遍意义的

①　"开源软件的'所有者(或维护者)'是指那些拥有被大部分社团公认排他的**重新分配修改版**权利的人……根据标准的开源许可证,在开发过程中所有各方都是平等的。但事实上,'官方(official)'补丁(对软件的改变)与'游荡者(rogue)'补丁之间有普遍公认的区别,前者经公认的维护者审定并且被合并到不断改良的软件中,而后者是由第三方开发的,并不常见,通常不被大众信任。"(Raymond,1999)

新程序和改良程序会被添加到程序的正式版本中。在许多项目中，对程序的正式版本代码的添加只限于少数值得信赖的开发者，这些少数人随后成为了拥有程序贡献者所没有的访问权的编程看门人（von Krogh & Spaeth，2002）。

开源软件项目参与者能获得的关键工具和设施包括向所有人开放的特定目标的电子邮件列表。这里面，有程序使用者报告在使用软件过程中所遇到的软件缺陷（"电脑臭虫"）的邮件列表；也有程序开发者分享项目的下一步骤、需要添加的新功能等想法的邮件列表等。这些邮件列表向所有人开放，并且公开保存，这样任何人都可以再次访问，了解关于某一主题的过去和现在的建议与意见。同时，开源软件项目的程序贡献者往往共同拥有一些必要的工具，如专业的软件语言；它们往往不是某个项目专用的，而是在网站上可以获得的。所有贡献者共享的基本工具箱可以极大地方便相互交流。而且，开源软件项目拥有版本控制的软件，这样贡献者可以将提交的新程序插入现有的项目程序中，检测新的程序是否会引起现有程序的故障；如果是，这个工具可以帮助程序轻松回复到原有状态。这使得人们有更多的实践机会进行"试试看"的检测，减少新贡献的程序无意中破坏主程序的风险。开源软件项目的工具箱随着实践而发展，并且不断地被用户创新者所改善，现在个体项目能运用如Sourceforge.net等网站提供的标准设施开始工作。

下面两个简短的案例可以帮助我们进一步了解开源软件项目的特色。

阿帕奇网络服务器软件

阿帕奇网络服务器软件可以用于那些拥有网页并为网络浏览者提供所要求的信息的网络服务器计算机。这类计算机是基于互联网的万维网基础设施的关键元素。

最后演化成阿帕奇软件的网络服务器软件是伊利诺伊大学（University of Illinois）的大学生罗布·迈科库（Rob McCool）为伊利诺伊大学国家超级运算应用中心（NCSA）工作时所开发的。迈科库开发以及定期修正的源代码被发布在网络上，这样其他网站上的用户可以下载、使用、修改以及进一步开发。1994 年当迈科库离开 NCSA 时，一小群已经在自己的网站中采用了他的网络服务器软件的网管决定承担起继续开发的任务。核心的八个用户收集了所有的文档和修正缺陷的方案，并发布了一个补丁。随着时间的推移，这个"补丁性"的网络服务器软件演化成了阿帕奇。大量的用户反馈和修正导致了阿帕奇 1.0 的产生，阿帕奇 1.0 发布于 1995 年 12 月 1 日。

四年中，经过许多用户的不断修正和改善，阿帕奇已经成为互联网上最受欢迎的网络服务器软件，并因其杰出表现而获得了许多产业奖项。尽管受到了来自微软、网景等商业软件开发商的强大压力，它现在仍被全球数百万网站中的60%以上所使用。用户和其他人对阿帕奇的修正和更新仍在继续，而其新版本的发布则由核心的 22 位志愿者加以协调。

Fetchmail——互联网电子邮件应用程序

Fetchmail 是用来从中央服务器"收取（fetch）"邮件到本地计算机的一种互联网电子邮件应用程序。这个开源项目的开发、维护和改善是由埃里克·雷蒙德来领导的（1999）。

1993 年雷蒙德开始思考邮件收发中存在的问题，因为他不满意现有的问题解决方法。他回忆道（Raymond，1999，p.31），"我所要的（软件），能够将我的邮件传到我家的系统 snark 上，这样有邮件时我就能注意到，然后能用我本地的工具处理它"。雷蒙德决定尝试开发一个更好的解决方案。他首先在开源的数据库中寻找已有的、编写良好的应用程序以作为其开发的基础。他知道可能的话，在他人的相关工作的基础上进行开发会效率更高，在开源软件（那时普遍称为自由软件）世界中，这种方法是被理解和推崇的。雷蒙德研究了许多备选的开源程序，选定了一个很少应用的"popclient"。雷蒙德提出了对这个程序的许多改善建议，并且将建议寄给了当时 popclient 的维护员，但 popclient 的维护员已经对继续开发这个程序失去了兴趣，所以他的回复是把 popclient 传给雷蒙德，这样雷蒙德可以进一步开发 popclient。

雷蒙德接受了成为 popclient 维护员的职责，在随后的几个月中，他接受了其他用户的意见和建议，极大地改进了这个程序。他经常通过专门设立的电子公告板上的信息与 popclient 用户沟通，精心地发展活跃 popclient 用户程序员的列表。许多用户回复了他们所发现的问题的信息以及可能的解决办法、提供他们为自己的使用而作的改进方案。这些意见和建议的质量通常是非常高的,因为"这些贡献不是来自随机样本,而是来自那些对使用这个软件、了解其工作原理、试图解决所遇到的问题并且提出看来合理的解决办法感兴趣的用户。任何一个有过这种经历的用户很可能提供一些有用的贡献(同上,p.42)"。

最后,雷蒙德实现了一个创新的设计,他知道这个软件能运行良好,因为他和他的合作开发者每天使用、检测和完善它。Popclient(现在更名为 fetchmail)成为了数百万用户使用的标准软件。雷蒙德仍然领导一群志愿者维护这个软件并根据新的用户需求和条件完善这个软件。

创新社团开发物质产品

用户创新社团不仅仅局限于类似软件这样的信息产品,他们在物质产品的开发中也很活跃,并且采用了相似的方法。正如创新社团致力于信息产品的例子,社团致力于物质产品的例子包括从简单的信息交换场地到提供工具和基础设施装备良好的场所。法兰克和沙对运动产品的研究描述了相对简单的社团结构。他们研究的滑雪社团由一些来自世界各地的半专业运动员组成,这些运动员每年有十来次机会在欧洲、北美和日本的比赛中碰面。根据法兰克和沙的研究,社团成员相互之间非常了解,并且花了相当多的时间在一起。他们互相帮助,开发和改良他们的运动装备,但是这个社团没有配备用于创新的专门工具。

更多复杂的物质产品创新社团在工具和基础设施方面类似于开源软件开发社团。我们以最近成立的致力于开发和传播新型风筝冲浪器材信息的社团为例,风筝冲浪是一种水上运动项目,使用者站在一块有点像冲浪板的特制滑板上,由一只巨型的可操纵方向的风筝牵引。有关的设备和技术已经发展成熟,有经验的风筝冲浪运动员在迎风和逆风的情况下都可以操纵风筝,每次冲浪者和滑板能一起腾空数十秒钟。

为风筝冲浪运动设计风筝是一个非常复杂的任务,涉及低速空气动力学这个至今人们并不熟悉的领域。早期风筝冲浪用的风筝都是由用户爱好者开发和制造的,他们相互帮助发明了风筝冲浪技术和风筝冲浪器材。大约在 2001 年,长期对风筝冲浪和冲浪用风筝开发感兴趣的 MIT 博士生索尔·格里菲思,认为良好的在线社团互动有助于风筝冲浪运动的发展,因此,他建立了一个全球风筝冲浪运动用户创新者社团的网站(www.zeroprestige.com)。格里菲思首先在网站上公布了一些他设计的风筝款式,提供了一些关于风筝制造和使用的有用心得和工具;他邀请其他人免费下载这些信息,如果愿意也可以贡献他们自己的信息。不久,其他创新者开始发布他们自己的风筝设计、为新手提供的建议,以及一些精良的设计工具,如空气动力建模软件和快速原型设计软件等;其中至少有一位是受聘于航空公司的空气动力学家。

注意,物质产品在设计阶段是信息产品。早先,设计的信息反映在一大张被称为技术图纸的纸上,可以复印和共享;同单位的设计者可以了解和评价技术图纸上的信息,机械师则用这些信息来制造信息所代表的物质产品。今天,新产品的设计一般被编辑成计算机辅助设计(CAD)文档,这些文档可以被设计者设计成二维或三维的透视图;其中所包含的设计信息可以用不同的工程技术工具进行自动评价,用以确定如设计的产品能否承受它们可能受到的压力之类的问题;CAD文档随后可以被下载到计算机控制的生产设备中,这些设备就可以制造出设计方案所包含的零部件。

风筝冲浪社团共享设计信息的例子可以说明信息产品和物质产品之间的密切联系。最初,社团的用户通过在互联网上传递简单的草图来交换设计思想。后来社团成员发现制帆工厂用来从大匹面料上裁剪船帆的计算机控制裁剪机可以用来裁剪冲浪用风筝的面料;他们也了解到制帆工厂对他们的业务感兴趣。因此,创新社团的成员开始以CAD文档传递适合制帆工厂裁剪设备的设计方案。如果用户满意某个设计方案,他可以将CAD文档传递给当地的制帆工厂以便裁剪,然后用户将他们缝合在一起或者委托缝纫厂缝合。在这种方式下,从信息产品变成物质产品只需要不到一个星期的时间,一个完工的风筝总成本不过区区数百美元,远远低于市场上风筝的价格。

用户之间的互相帮助

显然，用户创新社团可以通过提供工具的形式为个体创新者提供有效的支持，这些创新社团中的用户也倾向于以协作的方式行动。即，用户不仅仅传播和评价已经完成的创新，他们也是其他重要服务的志愿者，如在开发和推广创新的活动中互相帮助。

法兰克和沙（Franke & Shah, 2003）研究了 4 个运动社团中用户互相帮助创新的频率，发现这种帮助非常普遍（表 7 - 2）。他们也发现，那些提供帮助的人更可能本身也是创新者（表 7 - 3）。被帮助的人的满意度非常高，其中 79% 的人认同"如果我遇到相似的问题，我还会询问同一批人"。杰普森（Jeppesen, 2005）也有类似的发现：在计算机游戏领域有大量自愿的用户对用户的帮助现象。

表 7 - 2   为创新者提供帮助的人数

提供帮助的人数	案 例 数	比例（%）
0	0	0
1	3	6
2	14	26
3~5	25	47
6~10	8	15
>10	3	6
合 计	53	100

资料来源：Frank & Shah, 2003，表 4。

表 7 -3　　创新者帮助他人创新的倾向（$p<0.000\ 1$）			
	创新者	非创新者	合　计
提供过帮助	28	13	41
没有提供过帮助	32	115	147
合计	60	128	

资料来源: Frank & Shah,2003,表7。

　　这种帮助现象是创新社团对社团成员的价值的重要体现。人们为什么愿意提供帮助是一个值得分析的课题。答案现在并不完善，但随着调查研究的进一步深入，将会减少其中的神秘感。现在已有的一个答案是这种行为对提供帮助者有私人利益,对无偿公布创新者也是如此(Lakhani & von Hippel,2003)。换言之,无偿帮助的出现也许可以用以前讨论过的创新动机的私人—集体模型来解释。

第八章

为用户创新修订政策

国家政策制定者通常希望鼓励那些能增加社会福利的行为,不鼓励那些减少社会福利的行为。因此,了解用户创新的社会福利效应就很重要。汉克和我(Henkel & von Hippel, 2005)研究了这个问题,并发现,在创新促进社会福利方面,用户和制造商双管齐下,要比制造商自己单枪匹马的效果要好得多。

在本章中,我将阐述这样一个观点,那就是用户创新是制造商创新的补充,也可以成为制造商成功的改善新产品设想的来源;而后,我将说明用户创新不会出现制造商创新中的福利削减效应;最后,我将评价公共政策对用户创新的影响,并且对那些区别对待用户创新的政策——通常是无意的——提出修改建议。

用户创新的社会福利效应

福利经济学中的社会福利函数,是用来衡量社会的物质福利的,采用的是经济学指标,如投入。社会福利函数可以用来表述许多社会目标,包括从居民的生活期望到收入的分布。许多关于产品多样化、创新和社会福利的文献在评价经济现象和政策对社会福利的影响时,往往从社会总体收入的角度来分析,而不是从这些收入如何分配的角度来分析。这里我们也将采用前一种观点。

用户创新提高了制造商创新的成功率

在研究中,我们常可以见到一种突出的现象,那就是大部分由制造商开发和引入市场的新产品在市场上都失败了。曼斯菲尔德和瓦格纳(Mansfield & Wagner, 1978)发现,新工业品成功的总体比例只有27%;艾洛德和凯尔曼(Elrod & Kelman, 1987)发现消费品成功的总体比例为26%;巴拉坎卓和法莱尔(Balachandra & Friar, 1997)、普尔顿和巴克雷(Poolton & Barclay, 1998),以及雷德蒙(Redmond, 1995)在新产品商业化的研究中,也发现了类似的高失败率。虽然存在着失败项目的知识应用于成功项目的情况,但产品开发的投入是相当特定化的,高失败率意味着R&D投入能转化为有用产出的效率极低,因此也就导致了社会福利的减少。

研究指出,制造商开发的产品商业化失败的主要原因是制造商创新者没有很好地理解用户的需求。具有重大影响的SAPPHO研究以清晰而令人信服的方式展示了这一点。SAPPHO研究基于31个配对组,每个配对组的产品都针对同样的功能和市场(如,一个配对组包括两个"圆度仪",分别由不同的公司开发)。每个配对组中,一个是成功商业化的(即这种产品有市场),而另一个则是商业化失败的,然后详细研究这两个成功和失败的产品,发现导致成功或失败的主要因素是成功项目对市场和用户的深入了解(Achilladelis et al., 1971; Rothwell et al., 1974)。曼斯菲尔德和瓦格纳(Mansfield &

Wagner，1975）进行的一项研究也得出了类似的结论。第三章讨论过的近期的关于信息黏滞性和由此导致的用户和制造商的信息不对称性的研究，支持了这些普遍发现的合理性。在考虑自身的需求时，用户是信息的创造者。需求信息从用户向制造商的传递过程中其正确性和完整性肯定会下降，因为这些信息的重要元素可能是黏滞的（von Hippel，1994；Ogawa，1998）。

用户的创新可以增加制造商关于用户需求的信息，从而提高他们新产品推广的成功率。回顾一下前面章节所提及的，用户创新集中于领先用户。如我们所看到的，这些领先用户为满足自己的需求开发具有新功能的产品和对产品进行改良，它们处于市场的前端，其潜在的销售量很小而且不确定；相反，制造商相对缺乏用户需求和使用环境等信息，更乐于生产具有更大、更确定市场的创新产品。因此，就短期而言，用户创新是制造商所开发产品的补充而不是替代品；从长期来看，随着市场的整体需求受到领先用户创新产品的激发而逐渐增加，制造商会发现生产类似产品开始具有商业吸引力。在这一点上，领先用户可以为制造商提供非常有用的信息，这是制造商在其他地方所无法获取的。

随着领先用户在自己的使用环境中开发和测试他们的方案，他们对自己需求的本质越来越了解。他们随后通常无偿公开创新相关信息，于是其他用户可能会采用这些创新，评价、修正并改善它们，并且反过来无偿公布他们所做的。所有这些领先用户无偿公开的行为为制造商提供了大量有用的信息，包括包含在解决方案中的需求信息和市场信息。假设能接触到用户开发的原型，制造商就不再需要非常精确地、完整地了解用户的需求了；他们所要做的是简单得多的任务——复制反映了用户需求的用户原型所拥有的功能。例如，制造商寻求商业化一种新型的外科手术器械，如果获得了外科医生所开发的器械原型，就不需要精确了解为什么创新者需要这种产品甚至不需要精确了解它是如何使用的。制造商所要了解的就是许多外科医生看来愿意为它付款，然后在他的商业产品中复制用户开发的原型所包含的重要特征。

对领先用户的创新以及追随者用户采用这些创新的行为的观察研究也可以使得制造商对潜在市场的规模有很好的了解。基于实际顾客行为的产品销量预测比基于潜在购买者使用前期望的预测要正确得多。对用户原型的现场使用以及企业用户原型采用情况的监测可以为制造商提供这方面丰富的正确信息，从而能够提高制造商的商业成功率。最终，用户创新可以减少用户和制造商之间的信息不对称，从而增加创新过程的有效性。

用户创新和供应偏差

研究创新对社会福利的影响的经济学文献，普遍致力于从社会经济净收入的角度去理解是什么导致社会有太多（供应过剩）或太少（供应不足）的产品差异（Chamberlin, 1950）。理想情况下，可购买的产品差异性应该比较大，因为这使得消费者可以更准确地获得他们所需要的,以及/或可以有多样化的产品组合。然而,增加产品的多样性是有代价的：每一种产品的平均产量就会比较少,而这又意味着与开发和生产相关的规模经济效应的递减。权衡差异性和代价的基本的问题是：是什么可能导致了产品差异性的过剩或不足？柔性制造等创新可能可以降低固定成本并增加多样性,从而达到理想的差异化程度。但是,矛盾依然存在。

汉克和我在现有的产品差异性、创新和社会福利分析中增加了用户作为创新源来研究福利效应。现有的模型无一例外地假设新产品和服务都是由制造商提供的。我们发现将用户创新加入分析模型可以在很大程度上避免福利减少偏差。例如,"偷生意效应(business stealing,Spence,1976)"这个术语指明了这样的事实：制造商可以通过从竞争对手手中"偷取"生意而获利。由于没有考虑这种负面的外部效应,制造商从引入新产品中所获的个别收益超过了社会总体收益,即导致了平衡偏向差异过剩。反之,无偿公开的用户创新可能也减少了现有公司的业务量,但没有减少创新者的收益,因此整个社会不会存在创新动机过剩。

无偿公开的用户创新也可能减少由于产品定价高于边际成本而带来的无谓损失(无谓损失是指由于商品以大于生产边际成本出售所导致的社会福利的减少)。当用户允许他们的创新信息可以为他人所无偿获得时,并且假设公布这种信息的边际成本为零,那么模仿者需要承担的只是采纳这些信息的成本,这是静态效应。用户创新的无偿可获取性又可以使得销售与之竞争的商品的企业降低他们的定价,从而间接导致无谓损失的再次减少。削减售价使其趋向边际成本,也可以减少导致差异过剩的动机(Tirole,1988)。

汉克和我也研究了一些由于用户创新的无偿公开而可能导致社会福利减少的特殊情况,其中之一就是"平台产品"制造商定价权被削减而带来的影响。通常情况下,这类产品制造商往往以低毛利的价格或以成本价销售"平台产品"——如剃须刀、喷墨打印机、电子游戏机等,然后以高毛利为配件(剃须刀刀片、墨盒、电子游戏)定价;如果无偿公开用户开发的配件导致制造商的"平台产品"无利可图,社会福利就会减少。但是,只有"剃须刀-刀片"的定价方案可能无利可图。事实上,如果制造商在定价时使得"平台产品"有毛利,那么用户开发配件也有积极作用:它可以增加"平台产品"对用户的价值,因此允许制造商对"平台产品"以较高的毛利进行定价,并且/或销售更多的"平台产品"。杰普森(Jeppesen,2004)的研究发现,当用户在从游戏开发商购得的专有游戏软件平台产品(被称为游戏引擎)上运行免费下载的游戏修改版(简称 mods)时,这样的结果确实存在。虽然有些游戏开发商出售游戏修改版与免费的用户修改版竞争,但许多游戏开发商为在他们的专有游戏引擎上开发和传播用户修改版提供支持,因为他们发现这样做的最后结果是销量和利润的提高。

公共政策选择

如果用户创新可以增加福利,并且创新的数量和价值都十分显著,那么考虑公共政策对用户创新的影响也有意义了。目前,许多用户创新——有证据表明它们的总量占创新的全部经济投入的一大部分——没有被计算或者被低估了。因此,用户自愿提供的创新效应,如开源软件带来的许多贡献,现在并没有被政府统计部门统计在内。另外,用户创新也与产品生产和服务提供相结合,如,许多制造商一边生产产品一边学习如何改善生产工艺,从而有了工艺创新,许多重要的外科医生开发的创新项目在为病人提供服务时被学习整合。

接下来,就有必要回顾一下与创新相关的公共政策,以确定和矫正在创新来源方面存在的偏见。在平等的竞争场合中,用户将会成为更重要的创新来源,将会越来越可能成为制造商创新活动的替代和补充。改变政策以支持用户创新是非常重要的,但这种改变不是没有阵痛。为了阐述这一切,我们下面将探讨一下有关知识产权保护、限制产品修改的政策,与对创新来源有关的 R&D 资助差别、创新扩散途径限制等方面问题。

知识产权

前面在探讨为什么用户可能无偿公开他们的创新时,我们的结论是,这通常是在考虑现有的知识产权法律如何起作用(或者,通常是不起作用的)的情况下的最佳实践选择。例如,第六章中提到大部分的创新者无法确定专利是有效的,而且在许多领域中专利许可保护看来并不能增加创新投入;获得专利保护也是非常昂贵的,这样对于小创新——大部分创新都是小创新——的开发者来说专利就没有什么价值。在实践中,我们也可以看到创新者通常难以通过商业机密来保护他们的创新:当有许多人知道类似的事物,当其中一部分人可以无偿公开他们所知道的信息而没有什么损失时,坚守机密就很困难。

这些发现表明,当前创新者所实际经历的知识产权保护体制远没有达到理论家和政策制定者的预期。社会赋予创新者知识产权的根本原因是希望增加创新的私人投资。与此同时,经济学家早已知道,这种赋予伴随着社会福利的损失:知识产权所有者普遍会限制他人使用他们获得法律保护的信息以增加他们的个人利益。换言之,知识产权被认为有利于创新而不利于竞争,不过长期以来的一致意见是利大于弊。但是,弗雷(Foray, 2004)认为这种一致性正在被打破,有些人——不是全部——开始认为知识产权保护在许多时候对创新者也是不利的。

由于一些明显的反面例子的出现,为达到社会所期望的创新水平而保护知识产权的必要性现在受到了质疑。正如我们前面所看到的,开源软件社团并不允许创新贡献者利用他们的知识产权来限制其程序的使用,取而代之的是,创新贡献者利用作者的著作权将他们的程序放置于一个公地,所有人——创新者、非创新者——都可以平等地接触这些程序。就是这样的制度,却促进了创新的不断繁荣。为什么? 正如我们前面关于为什么创新者会无偿公布创新的问题所讨论过的,研究者现在明白创新给个人带来的报酬可以独立于知识产权而存在。一条普遍原理是，如果当开发者寻求保护，但是愿意在没有知识产权保护的情况下创新，就不应该提供知识产权保护。

争论是激烈的。加利尼和斯科奇姆（Gallini & Scotchmer, 2002）认为"知识产权是现代信息经济的基点"，"它促进了软件、生命科学、计算机产业的发展，使得我们消费的大部分产品得以普及"。他们同时得出结论，认为知识产权对创新的积极或消极效应主要依赖于"创新者获得调整和实施这些权利的许可的容易程度"。从那些极力主张重新考虑现有知识产权体系的人的角度看，这正是困难所在：越来越清楚的事实是，实践中调整和实施这些权利通常是困难的，而不是便利的。越来越清楚的另一个事实是，现有的知识产权法律提供的保护被用来以牺牲总体的创新发展为代价来实现个人的利益（Foray, 2004）。

考虑一下最早由穆奇斯和纳尔提出，后来被海勒（Heller, 1998）、海勒和埃森博格（Heller & Eisenberg, 1998）进一步研究并命名为"反公地悲剧（tragedy of the anticommons）"的现象。当各个所有者有排他权而没有人拥有有效的使用权时，类似于创新信息之类的资源往往无法被充分利用——这是一种反公地悲剧。专利许可的本质恰好导致了这种情形的产生。专利法就是这样设计的，所以一项专利的所有者并没有被授予实施专利发明的权利——它只授予限制其他人实施这项发明的权利。例如，假设你发明了椅子并且获得了专利，我随后发明了摇椅也获得了专利——通过在你的受到专利保护的椅子上装上摇轴来实现。在这种情况下，我如果没有从你那儿获得使用椅子专利的许可,我就不能生产摇椅;而你没有从我那儿获得使用摇椅专利的许可,你也不能生产摇椅。如果我们不能在许可条件上达成一致,我们谁也无权生产摇椅。

在理论上或者在无成本交易的世界中,人们可以通过特许和交换他们的知识产权来避免反公地悲剧。但实践中情况就完全不同了。海勒和埃森博格针对生物医药研究领域,指出在这里确实存在反公地悲剧的条件。在这个领域,专利通常被赋予一个较大研究问题中的小而重要的要素部分,而上游的研究越来越多的是私有的。"每一个上游的专利,"海勒和埃森博格注意到,"允许其所有者在产品创新的道路上设置一个收费站,增加了生物医药创新的成本,延缓了它的步伐。"

第二种基于专利权的战略行为是通过对大量的专利组合加以投资以创建"专利丛(patent thickets)"——在一个较大领域内通过密集申请专利形成的专利网络(Merges & Nelson, 1990)。专利丛为整个领域范围的专利侵权诉讼创造了滋生的土壤,专利丛的所有者可以利用这样的诉讼威胁来阻止其他人对相关产品的先进技术投入研究资金。注意,这与政策制定者期望通过创新者申请知识产权来刺激创新的意图正好相反。事实上,本森和亨特(Bessen & Hunt, 2004)发现在软件领域,平均而言,随着公司增加在专利保护方面的投资,他们在研究和开发上的投资实际上在减少。如果这种联系被证明是因果关系,那么从个体利益的观点看就有合理的解释了:公司可以利用专利丛阻止其他人在某个领域的研究,因此可能认为他们自己进行研究的必要性也减少了。

在电影、出版、软件领域，同样的创新延迟战略也被大量版权作品的拥有者所使用。版权所有者可以阻止他人为那些顾客熟知的角色(如米老鼠)创作新作品。其结果是，大量版权作品的拥有者比无版权作品和只有少数版权作品的拥有者在创造派生作品方面具有优势。事实上，本科勒(Benkler，2002)指出增强知识产权保护的制度变革可能导致信息产品的集中化。莱斯格(Lessig，2001)、布德林和莱文(Boldrin ＆ Levine，2001)也得出了类似的对过于强大和久远的版权保护的负面评价。

这些类型的创新受阻现象对用户创新影响尤为强烈。这种分散的创新系统由不同用户组成的，其中的每一个用户可能只有很少的创新以及很少的知识产权，这样的创新者显然会不同程度地受到那种有利于在某一领域拥有大量知识产权的所有者的系统的负面影响。

我们能为此做些什么？对于政策制定者而言，一个解决问题的方案是，变革知识产权法规使得竞争场上人人平等。但在现有的系统下，拥有大量受保护的知识产权的所有者往往具有政策上的力量，所以这种类型的解决方案难以实现。

幸运的是，对创新者本身而言，可能有另一种解决方法。假设在一特定领域，许多人选择将他们自己开发的知识产权贡献给公地，如果这个公地随后发展起来，拥有合适的与此领域相关的专有知识产权的替代品，那么专有知识产权信息大户的相对优势就逐渐减少甚至可能消失。与此同时,基于相同的原因,现在私人拥有的知识产权对未来的知识进步带来阻碍的可能性同样会减少。莱斯格支持这种可能性,他在他的网站 www.creativecome.org 上创建和公布了标准的"创新公地"许可,有兴趣将他们的作品贡献给公地的作者(可能有一些约束),能很方便地在网站上找到和使用合适的许可。

达成有关建设知识产品公地的条件的一致意见非常困难。摩勒(Maurer, 2005)创建人类突变数据库的努力最终失败的故事很清楚地反映了这一点。然而,成功是可能的。例如,在许多现有的开源软件项目中,包含并维持着大量的软件代码知识公地。

在分析公地影响知识产权创新者寻求脱离它时的价值方面也存在一些有意思的例子。韦伯(Weber, 2004)详细叙述了以下趣事:1988 年, Linux 开发者为他们的开源软件创建新的图形界面。其中最有前途的一个, KDE, 是在通用公共许可证下提供的。但是它的开发者马提亚·埃特瑞奇(Matthias Ettrich)是用专有的图库 Qt 来创建KDE 的。当时他认为这是一个可以接受的方法,因为 Qt 品质优良,而它的所有者 Troll Tech 公司,在某些情景下是免费许可 Qt 的使用的。然而,在另外一些情景下, Troll Tech 公司要求其支付开发费用,而 Linux 的一些开发者希望使用一些不在 GPL 之下的程序作为他们程序的一部分。他们试图说服 Troll Tech 公司改变 Qt 的许可,这样当它被用于自由软件时可以加入 GPL。但拥有 Qt 完整版权的 Troll Tech 公司拒绝这样做。而 Linux 的开发者随后开始开发可以得到

GPL 授权的开源替代方案,也拥有他们的完整版权。随着这些项目的成功,Troll Tech 公司认识到 Qt 将会被抛弃并被关在 Linux 市场的门外。2000 年,该公司决定在 GPL 下许可 Qt。

类似的行为可以保留在公地中无偿接触素材的条件,防止这些条件随着时间而减少或失去。MIT 首席科学家克里斯·汉森(Chris Hanson)用一件有关开源软件组件 ipfilter 的趣事来说明这个问题。ipfilter 的作者试图用修改程序许可条款的办法来"锁定"这个程序以防止修改版的扩散。他的理由是,作为一个网络安全过滤器,ipfilter 必须是尽可能没有缺陷(bug-free)的,而这只有在他能控制接触代码的情况下才可能做到。他的行为引起了一场激烈的争论,人们普遍认为这个作者是自私且不自量力的。他的程序——BSD 操作系统的一个必要组成部分,那年在某些系统中就被新编写的程序替代了。汉森写道,作者注意到了这一点,自此又将许可条款改回到标准的 BSD 许可协议(无限制)。

我们以后将继续研究是否存在创建和制止知识产品公地跨领域扩散的实践,这些实践的范围很广。显然有时候将创新作为私有知识产权保护会对创新者和社会有意义。但是,也可能有许多用户保持创新私有并不是完全出于理性的动机,例如,是出于大众的、没有仔细考虑的心态——"我们不放弃我们的知识产权",或者是因为他们认为公布创新的管理成本会高于收益。如果能够重新思考一下无偿公布创新的收益,(重新)制定哪些最好保持私有而哪些最好无偿公布的政策,公司和社会都能获益。

限制对产品进行改进

　　用户一般通过购买市场上已有的商品,然后对它们进行改善,从而形成他们的新产品原型。目前制造商在其销售的产品中所包含的技术限制了这些产品的使用方式,这减少了用户改良他们所购买的产品的传统自由,从而又反过来增加了用户创新的成本,并减少用户创新的数量。例如,喷墨打印机的制造商通常采用的是"剃须刀-刀片"战略,他们以低毛利的价格出售喷墨打印机,然后以高毛利的价格出售墨盒。为了保护这个战略,制造商希望阻止用户用低成本的墨水来给墨盒加墨,而是再次购买他们的墨盒。因此,他们可能在他们的墨盒上进行技术变更,如果用户对墨盒进行加墨,墨盒就无法工作。这种制造商战略同时减少了用户为了节省而对墨盒反复加墨以及用户创新者对加墨墨盒的改良行为(Varian,2002)。例如,有的用户为了打印高质量的图片而选用非打印机制造商销售的特殊墨水,有的用户为了在糕点上打印图案而用食用色素替代墨水加到墨盒中,反墨盒加墨的技术装置就会影响和阻止这些行为的发生。

　　千禧年数字版权法案的初衷是为了防止产品被复制,它对用户改革和改良他们所拥有的产品可能有负面影响。尤其是,DMCA 将违反反盗版条例(这是绝大部分商业软件产品中都包含的)视为犯

罪。它也将用于合法拷贝软件的解码器的制造、销售视为违法。很
不幸的是,解码也是用户创新者对商业软件进行修改的必要步骤。
政策制定者需要清楚基于其他目标的立法可能会导致对用户创新的
间接"伤害",本例中就是如此。

扩散途径的限制

由于互联网传播能力的不断发展,用户创新并无偿公布与创
新相关的信息在大部分时候不费多少力气就可以完成,但对这类
基础设施的一些控制可能会影响甚至导致发散性创新系统——
如本书提到的用户创新系统——无法发挥作用。例如,用户开发
的信息产品通常是通过平等共享的互联网来传播的。一个同时
拥有渠道(如有线网)和产品内容的公司,为了他们自己的产品,
可能强烈地希望排除或反对由用户和其他人所开发的内容(进行
传播)。美国无线通信业从发展早期可以听到许多声音的混乱状
态,到由少量大网络控制的变迁过程——一场由大公司推动并得
到政府政策制定者助力的变迁——为未来将会发生什么提供了
令人头脑清醒的先例(Lessig,2001)。政策制定者应该了解这种
类型的激励的问题并予以解决——在本例中,也许可以下令使得
渠道拥有者和产品拥有者分离,就像长期以来其他类型的电信公
司那样。

R&D 补助和赋税优惠

许多国家通常以 R&D 补助和赋税优惠的形式奖励制造企业的创新活动。如果创新的平均社会效益确实如曼斯菲尔德等（Mansfield et al., 1977）和其他人所发现的那样显著高于平均的个别回报，那么这些奖励措施是有经济意义的。然而，用户创新这样重要的创新活动却通常没有受到同样的奖励，因为它们通常不像常规形式的 R&D 那样容易被证实。正如我们所见，用户通常是在普通的使用环境中通过"做"的过程进行开发的。布雷纳罕和格利斯汀（Brenahan & Greenstein, 1996a）得出了类似的结论。他们认为在从大型机进化到客户端—服务器架构的过程中，用户起了"共同发明①"的作用。布雷纳罕和格利斯汀认为"共同发明"是指用户为充分利用新发明而进行的组织变革、创新开发和实施。他们指出这种共同发明对实现创新的社会收益非常重要。他们认为政府在支持"国家信息基础设施（NII）"的创建方面不够充分、资源分配不当，因为他们觉得共同创新是社会收益的瓶颈，但可能也是发明的最高价值点所在。

使得用户创新和制造商创新的拥有公平竞争条件的努力，当然可以直接减少所有人的 R&D 补助和赋税优惠，而不是试图增加用户创新获得补助的机会。但是，如果直接对用户创新进行补助是可行

---

① 也可以见 Bresnahan & Greenstein, 1996b; Bresnahan & Saloner, 1997; Saloner & Steinmueller, 1996。

的,只要政策制定者将它们与用户创新的无偿公开联系起来,同时/或将它们与用户针对内部使用的产品开发的私人投资挂钩,社会福利就会达到最佳。否则,由于用户对同样的创新感兴趣而导致的重复劳动会减少潜在的福利收益。

总之,用户创新的无偿公开具有福利增强效应,政策制定者在制定政策和法规时应考虑用户创新的条件。拥有公平竞争条件无疑会促使制造商进行快速变革。然而,正如下一章将会探讨的,制造商是可以适应用户创新站在舞台中央的世界的。

第九章

创新的民主化

我们已经了解到,领先用户有时会自己为自己开发和改良产品,并且常常无偿公开他们所做的创新,我们也已经看到许多用户很乐意采用领先用户开发的问题解决方案。将这些发现综合起来就构成了以用户为中心的创新系统(user-centered innovation systems),它在一定条件下可以完全替代基于制造商的创新系统(manufacturer-based innovation systems),而在大部分时候则可以作为后者的补充。随着计算机和通信技术的不断发展,用户中心创新得到了稳定地发展。

这一章我将首先探讨创新的民主化过程,然后会描述一些正在出现的基于用户的创新模式,最后将讨论制造商如何寻找有利可图的途径,参与到新出现的以用户为中心的创新过程中。

民主化的趋势

用户为自己开发高质量的新产品和服务的能力已经得到了证实。计算机软件和硬件技术的稳步发展,使得开发越来越有效、越来越廉价,使用创新工具也不需要或很少需要专门的技术和培训。此外,通信工具的改善使得用户创新者可以更容易地获得越来越丰富的创新和创新要素,这些创新和创新要素被发布在公共领域,并且允许他人修改。最终结果是用户创新的速度将不断加快,虽然由于用户需求和意愿的差异性使得"恰到好处"的产品仍然受到长期的欢迎。

　　一般个人用户的设计能力正在发生的一个剧烈变化是即使是毫无创新经验的人也能够更方便地进行创新了。我自己经历的一件事可能有助于说明这一点。在我还是一个孩子时,我曾经自行设计和制作自己使用的新产品。在不太愉快的(对我而言)制作原型过程上所耗费的精力,与比较愉快的发明和使用测试过程相比是巨大的(即,用表5－1所描述的设计、制作、检测、评价循环来分析,我在"制作"环节耗费的精力非常大,而反复试误和学习所花的精力少得多)。

　　在我的例子中,尤其让我感到沮丧的是试图用机械部件制作我想要的精美的东西。我没有机械车间可供我在里面制作高质量而不是粗糙的零部件,经常难以发现或买到我想要的配件。结果,我不得不用吸尘器的零件以及其他我能买到或在我周围发现的金属的、塑料的、橡胶的小零件来组装一个与我的创意相类似的东西。有时,我甚至连这些也无法实现而不得不放弃一个令我激动的项目。例如,一次因为无法制作燃烧室,我放弃了为我的自行车安装间歇燃烧喷射引擎(在我的记忆中,这反而可能是一件幸运的事情)。即使原型制作完了,通常也是毫无美感可言的:在我大脑中的优雅的设计和我能完成的粗糙原型之间的差距让我沮丧。

　　如今则完全不同了,公司用户,甚至越来越多的个体爱好者都能够获得精良的工具——从软件到电子工具——用于他们的创作。所有这些基于信息技术的工具都可以在个人电脑上运行,并且价格越来越低。几乎不需要什么培训和接触，它们就能让用户高质量地设计新产品和服务——包括音乐和艺术品。如果创作的是信息产品，如软件和音乐，那么设计的就是一个实际的产品——一套你可以使用的软件或者一段你可以弹奏的乐曲。

如果人们设计的是一件物质产品，通过计算机模拟技术就可以进行设计，甚至进行一定的结果检测。除了这些，制作一个真正的实物模型还不是非常容易。不过，如今的用户可以以负担得起的价格获得包括基本的电子和机械组件在内的工具箱，同时随着计算机 3D 打印技术越来越成熟并且越来越廉价，实物模型的制作变得越来越简单。非常令人兴奋的是，即使是在家中进行原型制作，也不会只能用极差的配件来制作一碰即倒的原型——现在用户所能购买到的配件经常与专业设计人员所能接触到的一样好。

对公司内部的少数幸运者而言，平等获得上述创新资源在很久以前就实现了。公司内的高级设计师很久以前就得到了他们直接管辖的工程师和设计师的支持，也包括快速制作和检测原型所需的其他资源。当我大学毕业后在一家创业公司谋得一个 R&D 经理职位时，专业水平的资源所带来的创新速度和喜悦让我感到惊异。在这种条件下进行开发意味着个人的努力主要集中在创新循环的设计和检测阶段，而不是集中于制作精良的原型，整个进程也大大加快。

从机械设计到服装设计领域都有类似的故事：想象一下那些服装制造商为他们的"顶尖设计师"所配备的缝纫工和模特，这样，这几个"顶尖设计师"就可以快速地完成和尝试更改他们的设计。相反,想象一下没有其他员工辅助的具有同样才华的设计师,即使自己只是一针一线地缝合一件外套所需要花费的时间和精力也非常巨大。

但是,如我们在第七章中所了解的,创新所需的重要能力和信息事实上是广泛分散的。基于这个发现,我们可以了解,传统的将创新资源集中于少数预定的创新者身上的模式是极其低效的。这样,高成本的支持创新的资源并不能配置给"正确的人",因为人们并不了解他们,直到他们开发出一项重要的创新。当高质量的设计和原型制作成本变得非常低时——这是一个趋势,我们已经描述过——这些资源才能广泛扩散,配置问题也会显著减少。其最后结果是并且应该是创造机会的民主化。

创造机会的民主化非常重要,不仅仅是让更多的用户有能力为自己制作合适的产品。正如我们在前面章节所了解到的,从创造活动和作为创造社团成员当中获得的快乐和学习过程也非常重要,并且随着创新民主化的发展,这种经历会更加广泛。前面提到的 MIT 首席科学家、Debian Linux 社团的维护者,在描述他在开源软件社团中所得到的快乐和价值时,生动地描绘到:

> 难以置信,创造让人成瘾。程序设计,至少对于一名有经验的程序设计员而言,是非常具有创造性的。所以一名优秀的程序设计师必须设计程序来过过瘾(只要问问我的妻子就行)。创

造性的程序设计需要花费时间以及对细节进行认真关注。程序设计就是要表达意图，而在任何一个大型程序中，必然有许多地方不太清楚程序设计人员的意图。要弄清楚这些地方需要一种领悟能力，而这个领悟过程就是程序设计中的主要创造性活动。但是领悟过程需要时间，并且往往需要与同行的深入交流。

相对来说，自由软件程序设计师在时间上没有那么严格的限制。社团准则鼓励深入了解，因为程序设计师们知道对合适功能的深入理解十分重要。他们也为自己设计程序，并且自然而然地尽自己所能将程序完成得最好。对他们中的许多人而言，自由软件项目只是为他们提供了一种工作背景，使得他们能够编写能表达自己设想的程序，而不是实现他人的设计或者在一起编写市场部所坚持的东西。不要怀疑，程序设计师是愿意在他们的空闲时间来做这些事情的，这是一个充满创造性的世界。

创造性在程序设计社团中也起了作用：程序设计，如同建筑一样，也是有表现成分和功能成分的。不同于建筑的是，一个程序的表现成分除了程序设计师以外，其他人是无法理解的。这正如你搞不懂小说所用的语言，或者懂这种语言但不流利的情况下，对小说的表现艺术进行鉴赏一样。这意味着，创造性的程序设计师希望相互交往：只有那些同行才能够真正欣赏他们的艺术。这部分是因为程序设计师希望在他人面前展示自己的才华以获得尊重，但更重要的是，人们也希望共享他们所发现的美丽。这种共享是有助于社团和友谊建立的另一项行为。

适应以用户为中心的创新——
不管你喜不喜欢它

以用户为中心的创新系统的无偿公开有时能替代制造商的产品开发。当制造商可以无偿获取经过工厂测试的用户设计时，这个结果看来是合理的。回顾一下风筝冲浪运动（第七章中已经讨论过），这个新发展的领域中的事实很好地证明了，当遭遇到用户创新社团无偿公开的由用户开发的一流设计的挑战时，制造商设计的产品就难以生存。在这种情况下，制造商被迫仅仅专注于制造，将重点放在修改用户的设计以适应大量的生产和制造。

回顾一下风筝冲浪装备，最初由用户爱好者开发和制作的，他们发明了相互依赖的风筝冲浪技术和风筝冲浪装备。大约1999年，最初由若干小制造商开始设计和销售风筝冲浪装备。风筝冲浪装备市场自此迅速发展。2001年，全球大约售出了5 000套风筝-冲浪板，2002年大约30 000套，而2003年大约70 000套。一套基本的风筝-冲浪板售价为1 500美金，那么2003年的总销售额超过了一亿美金（其他的自己制作的风筝不包括在内）。2003年，大约40%的风筝冲浪商业市场是由美国罗比奈什公司（Robbie Naish）控制的

（Naishkites.com）。

同样回顾一下 2001 年，MIT 的学生索尔·格里菲思，建立了一个叫 Zeroprestige.com 的网站作为风筝冲浪用户和用户创新者社团的主页。2003 年，这个网站的参与者和制造商一致认同，用户开发并且在 Zeroprestige.com 上无偿发布的风筝设计，至少与那些由领先的制造商所开发的一样先进。他们取得的另一个共识是，Zeroprestige.com 网站的工程设计工具的质量和风筝用户试验的总体速度超过了任何一个风筝制造商。事实上，用户取得的成果与整个产业所有制造商所做的开发工作相比，无论是在数量上还是质量上都可能略胜一筹。

2003 年，发生了一件可能对未来有所启示的事件：一个风筝制造商从 Zeroprestige.com 网站下载了用户的设计方案，然后生产风筝用于商业销售。这个公司并没有任何的内部开发行为，也没有从用户创新者那儿获得特许权——用户创新者并没有寻找任何特许经营者。这个公司以比那些同时进行风筝开发和制造工作的公司低得多的价格销售风筝。

在将用户创新社团无偿公开的设计方案和原型制作同专业制作商的规模生产有效结合的新模式下，不清楚传统的坚持身兼开发商和制造商于一体的风筝制造商是否能够——或者应该能够继续生存。事实上，无偿发布用户设计抵消了制造商设计的规模经济性和用户设计的范围经济性——这种经济性是由于用户社团信息和资源的差异性而引发的。

制造商在以用户为中心的
创新体系中的作用

用户并没有被要求在他们的产品开发和扩散活动中与制造商结合。事实上,正如开源软件项目所清楚显示的,全部由用户组成的纵向创新社团可以由他们自己或者为他们自己开发、传播、维护和使用软件以及其他信息产品——并不需要任何开发商。这里不需要制造商的介入可能是因为信息产品可以由用户在网络上"生产"和传播(Kollock,1999)。相反,实物产品的生产和推广涉及一些具有显著规模经济效应的活动。因此,用户的物质产品开发和早期推广过程可以由用户自己实施,并且可以在创新社团内进行,但结合了用户创新的物质产品的大批量生产和推广则通常由制造商公司进行。

对于信息产品,大批量的推广活动可以由社团在社团内外进行,并不需要制造商参与:

创新领先用户→所有用户。

而对于物质产品而言,一般的推广活动需要制造商完成:

创新领先用户→制造商→用户。

根据上述路径,产品、服务、工艺的制造商如何能够在以用户为中心的创新系统中有利可图? 应该如何实现这种功能? 将怎么做?

布兰德特（Behlendort, 1999）、海克（Hecker, 1999）和雷蒙德（Raymond, 1999）研究了在开源软件这个特殊情景下的各种可能情况。更普遍地，许多人研究了三种可能：（1）制造商可能为了总体商业销售而生产用户创新产品和/或为特殊用户提供定制服务；（2）制造商可能销售成套产品设计工具和/或"产品平台"以方便用户创新；（3）制造商可能销售与用户开发的创新互补的产品和服务。

生产由用户开发的产品

公司可以通过识别用户的创新并进行大量生产，或者在用户创新思想的基础上开发和生产新产品，从而创建一项有利可图的业务。他们可以从这个过程中比其他制造商学到更多的知识，从而超越竞争对手获取优势。例如，他们可以比其他公司更有效地识别具有商业前途的用户创新。利用领先用户搜索技术的公司，如我们将在第十章中阐述的，开始系统地而不是偶然地实施这种战略——这当然是一个进步。将用户开发的创新有效地转化成能大规模生产的设计并不像生产针对少数领先用户所设计的产品那么简单。通常，制造商通过结合许多相互独立的领先用户开发的产品的特征可以创造出具有商业吸引力的产品。比其他公司更有效地学习是一项获取竞争优势的技巧。

决定是否投资以及何时投资并且商业化一项用户创新通常也不是非常简单明了的，公司也可以通过获取相关的信息以及进行类似的评估以提高其技术水平。正如前面所探讨的,制造商并不像领先用户那么了解新的需求和市场。因此领先用户可能进行一些创业活动,例如将一个具有未来发展潜力的创新思想"出售"给潜在的制造商,或者在认为其中某项用户创新非常重要时,甚至会为制造商筹措资金以便快速地推广产品。勒蒂、赫斯塔特和杰姆敦(Lettl, Herstatt & Gemünden, 2004)研究了外科器械重大科技进步的商业化问题,发现创新用户一般都会参与到这样的活动中。当然,创新领先用户可能为了提高总销售额而成为制造商,生产自己开发的产品。在运动商品领域这种现象看来相当普遍(Shah, 2000;Shah & Tripsas, 2004;Hienerth, 2004)。

    制造商也可以选择为用户提供定制或者"代工(foundry,无自己产品,专为客户代加工)"服务,通过比竞争对手更快、更好,和/或更低成本地生产出用户的设计方案而使自己与众不同。这种类型的商业模式在许多领域中已经非常发达,如专门根据订单生产机械部件的机械定制工厂、定制电子产品的电子装配工厂、提供对用户设计产品的收费定制生产服务等。定制集成电路供应商就是一个很好的为用户设计产品提供定制服务的例子。2002 年生产的定制集成电路的价值超过了 150 亿美元,累计的市场平均增长率是29%。这样用户就可以从自己设计的线路中获利,因为他们不仅可以准确地获取他们所要的产品,而且比制造商的工程师能更快地提供产品;而制造商则从为用户生产定制设计中获利(Thomke & von Hippel, 2002)。

为用户提供工具箱和/或平台产品

喜欢自己设计产品的用户希望能高效地完成设计过程。因此制造商可以通过提供能方便他们进行产品开发设计的工具箱，或者提供便于用户修改的"平台"产品，从而来吸引用户。有些制造商只是为用户提供专有设计工具，例如铿腾公司（Cadence）——一个为喜欢自己设计定制半导体芯片的公司甚至个人提供设计工具箱的供应商——就是这样的一个例子。而其他制造商，包括摩托车行业的哈雷-戴维森公司（Harley-Davidson），Excel 电子制表软件领域的微软公司等，则销售用来让用户进行售后改良的平台产品。

有些向用户销售平台产品或设计工具的公司，已经尝试将用户在他们的商品上开发的有价值的创新加以系统整合。事实上，这种战略通常与前面所描述的制造战略相结合。例如，我们可以看一下位于得克萨斯州卡城（College Station，Texas）的 StataCorp 公司。StataCorp 公司生产和销售 Stata 软件——一种用于统计的专用程序。StataCorp 公司在销售基本系统的同时捆绑了许多统计检验软件包和设计工具，这样使得用户可以在 Stata 平台上开发新的检验程序。一些先进的用户——许多是统计学家和社会科学研究者——发现这些功能对他们的工作和开发自己的检验程序非常重要。其中许多人随后会在用户建立的互联网站上无偿公布他们开发的检验程序，其他用户可以浏览这个网站，下载、使用、测试、评价以及改善这些检验程序,这在很大程度上类似于开源软件社团用户所做的事情。

StataCorp 公司的员工随时监测用户网站的活动,密切关注那些有许多用户感兴趣的新统计检验程序。然后,他们将最受欢迎的检验程序整合到他们的产品中作为 Stata 软件的程序模块。为了实现这一点,他们需要在保持用户创新者所提出的原理的前提下重新编辑用户的软件代码。随后,他们需要对程序模块进行大规模验证测试——这对统计学家非常重要。最后结果是互利的。用户创新者通过 Stata 软件为他们的创意获得了公众的赞誉,并且从他们的程序模块通过专业检测中获利;而 StataCorp 公司获得了一个新的商业化的检验程序模块,并且可以在自己的版权下进行修改和销售。无偿公开的由用户开发的附加软件为 StataCorp 公司带来的利润超过了制造商开发和销售的同等附加软件(Jokisch,2001)。模拟程序软件制造商也采用类似的战略(Henkel & Thies,2003)。

不过,请注意,StataCorp 公司为了保护他们的专有地位,并没有向用户公布程序的核心,并且不允许用户对它加以修改。这对于那些想要修改核心部分以解决他们遇到的特殊问题的用户来说就存在问题了。碰到这种性质问题的用户和那些特别关注价格的用户可能转而向可以在网站上获得的自由统计软件包求助,如软件"R"(www.r-project.org)。这些替代软件是由用户社团开发和支持的,可以如开源软件一样被获取。开源软件替代商业化的销售商——如 StataCorp 公司和它的竞争者们的程序模块的最终效果还需要观察。

另一个类似的模式存在于网络游戏产业。早期的电脑网络游戏销售商发现经验丰富的用户破译他们封闭的源代码以便将游戏修改得更符合他们的喜好。这些"模块"中的一部分吸引了大量的追随者，这个过程中游戏销售商既受到了强烈的震动，也得到了支持。制造商发现用户开发的模块最终对他们产生了积极的影响：这些模块提高了他们基本软件的销量，因为用户为了使用这些模块不得不购买销售商专有的软件引擎源代码。因此，许多销售商开始积极地支持用户开发，为用户提供设计工具以便用户更便捷地在他们的专有引擎平台上开发模块（Jeppesen & Molin，2003）。

　　网络游戏的制造商和用户也以其他各种方式试验用户-制造商共生的可能性。例如，一些销售商试图创建由公司支持的销售渠道，这样用户——这时就成了销售商——就可以销售他们自己的模块而不是将它们提供给他人免费下载（Jeppesen，2004）。与此同时，一些用户社团往另一个方向努力，合作起来为视频游戏开发开源的软件引擎。如果后者的努力获得成功，那么它将第一次完全非专有地为模块开发者提供平台和设计工具。正如统计软件的例子，所有这些尝试的最终结果目前并不清楚。

　　作为制造商向对他们有价值的用户创新提供支持平台的战略的最后一个案例，我们来研究一下 GE 公司在用于医疗的核磁共振成像（MRI）设备领域的创新模式。迈克尔·哈修（Michael Harsh，生产 MRI 设备的 R&D 主管）和他的同事认识到，几乎所有重要的、具有商业意义的 MRI 改良都是由领先用户而不是 GE 公司或者竞争设备的生产商开发的。他们同时发现，如果用户使用 GE 的 MRI 设备而不

是竞争对手的设备作为平台进行改良时,GE 公司就比较容易商业化
用户所做的产品改良。由于 MRI 设备是相当昂贵的,GE 出台了一
项政策,有选择地以非常低廉的价格向那些 GE 管理者们认为最有
可能提出重大设备改进的科学家提供设备。这些设备提供时附加了
严格的互相约束条件,这些用户可以方便地对设备加以改良,而与这
种研究支持相交换的是,这些研究者同意 GE 可以以自己喜欢的方
式使用他们的开发成果。若干年后,受支持的研究者稳定地为 GE
公司带来重要的改良,它们都是由 GE 公司第一个商业化的。GE 管
理者认为这个政策是 GE 在 MRI 领域取得商业成功的重要源泉。

提供互补的产品或服务

许多用户创新需要互补的产品或服务,或者可以从互补的产品
或服务中获利,制造商也通常可以通过提供这些产品或服务来获利。
例如,IBM 通过销售相应的计算机硬件从开源软件的用户创新中获
利。尤其是,IBM 销售预安装了开源软件的计算机服务器,随着相应
软件的普及,服务器被销售出去了并且获得了利润。一个叫"红帽
(Red Hat)"的公司销售了开源软件计算机操作系统 Linux 的一个版
本,并且向用户销售了 Linux 补充技术支持服务。一开始,获利的机
会看来并不明显,随后他们的利润就日益增加,虽然并不了解为他们
提供补充服务的用户创新的具体情况。又如,医院急救室当然可以
为对体能有极高要求的运动项目的用户和用户开发者提供医疗服

务，但他们可能并未意识到这一点。

讨　论

　　上述的所有案例都探讨了制造商如何与以用户为中心的创新系统整合。然而，制造商并不总能发现用户创新是基于他们的产品或者跟他们的产品有关，因而对此没有什么兴趣。例如，制造商有时可能考虑与"未被授权的用户思想"相关的法律责任和成本问题。如，对赛车爱好者和其他用户经常安装以改善汽车性能的用户设计的引擎控制芯片，汽车商会有法律上的担心，其结果就是，制造商的工程师们并没有考虑用户开发的新的功能装置的最终商业价值。然而，如果用户选择绕开制造商的设计以提高引擎性能，一旦最后引擎失去功效，制造商存在明显的增加质保费用的风险（Mollick，2004）。

　　我们已经看到，制造商可以发现从用户创新中获利的途径。然而，用户创新和用户创新社团可以为他们自己提供许多类似的功能，这也是事实。比如，StataCorp 公司确实成功地销售了它的专有统计软件包，但用户创新者开发和维护的替代品在网上就可以免费下载。在哪种环境下哪一种所有者模式更有生命力还需拭目以待。归根究底，用户就是顾客，由他们作出选择。

第十章

应用：寻找领先用户创新

用户和制造商可以应用本书提出的观点来改进他们的创新过程。在本章中,我将阐述公司如何**系统地**通过寻找领先用户的创新来获利。我将首先说明如何做到这一点,然后会阐述一项有关 3M 公司的研究,说明通过评价领先用户创新思想产生技术的有效性。最后,我将简短地回顾一下其他的有关制造商系统地寻找领先用户的研究,以及所获得的研究结果。

寻找领先用户

制造商产品开发的传统过程从市场研究人员开始,他们研究目标市场的顾客,了解目标顾客没得到满足的需求。然后,他们将所获得的需求信息传递给内部负责开发相应产品的产品开发人员。换言之,他们的方法就是了解用户需求,然后通过内部的产品开发满足这种需求。

这种传统的过程并不能适应对领先用户创新的系统搜寻。专注于目标市场的用户意味着将领先用户视作局外人不予关注。传统的市场研究专注于收集和分析需求信息而不是可能的解决方案,但用户可能已经开发了解决方案。例如,如果一个用户说"我开发了新的产品使完成任务便捷了 X 倍",市场调研分析通常并不会注意到更加便利是用户的需求,因而没有记录用户开发的解决方案。毕竟,产品开发是内部工程师的任务!

因此,我们面临一个问题:制造商如何建立一个能系统地寻找和评价领先用户创新的产品开发过程?（见图 10－1）研究表明,这个答案依赖于对领先用户的寻找是在"先进的同类领域"的前沿还是在目标市场的前沿。对前者的搜寻比较困难,但经验表明用户开发的创新中,最根本的(也是有利可图的)相关思想通常来自"先进的同类领域"的领先用户。

只存在领先用户制作的原型

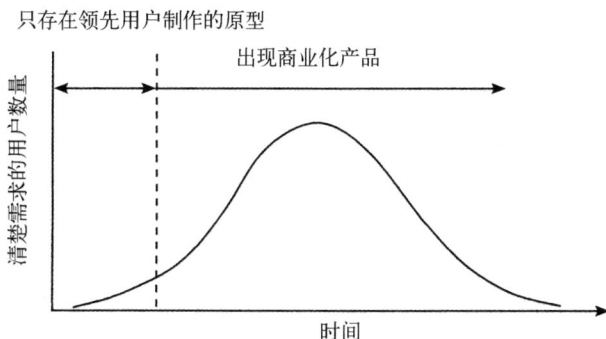

图 10－1　领先用户的创新领先于同等的商业产品

识别先进同类领域中的领先用户

在先进的同类领域中的领先用户所感受到的需求与目标市场中的**每一个**用户(包括领先用户)相关,但他们可能要求更严格。他们也经常会遇到影响目标市场用户的一些约束条件。这些差异会驱使他们以完全不同于目标市场的角度去探索解决方案。

例如,分析一下汽车用户(目标市场用户)所面临的制动需求和大型商用飞机(领先的同类市场)的制动需求之间的关系。显然,大型飞机对制动要求更严格。飞机比汽车更重,着陆时的速度更快:他们的制动系统必须快速地消耗超过几百倍的能量以使得飞机停住。同样的,他们的使用约束条件也是不同的。例如,冬季,汽车司机通常借助盐和沙子以便在冰冻的路面上刹车;但这种辅助方法无法用于飞机制动:盐会腐蚀机身,而沙子会被飞机引擎吸入并损害引擎。

更严格的需求和更多的约束条件的结果是,为飞机制动开发了防抱死制动系统(ABS)。那些寻找有价值的用户创新的汽车企业随后发现汽车制动可以从这种本领域之外的创新中学习,改进后用于汽车——现在这种制动系统在汽车中已经很普遍了。在汽车的 ABS 开发出来之前,汽车企业可能已经研究有强烈制动防滑需求的用户——如竞赛车队——的实践经验。这些领先用户已经学会手动地为他们的制动系统加压以帮助解决这个问题。然而,汽车企业的工程师可以从研究飞机这个"先进的同类"领域中开发的解决方案学到更多东西①。

这种从创新者到更先进的创新者的网络模式被称为金字塔模式(von Hippel,Thomke & Sonnack,1999)。金字塔模式是"滚雪球"模式的完善,后者有时被社会学家用来识别某个团体的成员或针对很

_____

① ABS 制动试图在刹车过程中保持交通工具轮胎的转向。ABS 通过自动地、快速地"泵激"制动器发挥作用,其结果是车轮能继续转向而不被"锁死",操作者就可以继续控制车轮。

少的被访问对象以积累样本(Bijker,1995)。滚雪球是基于具有罕见
兴趣或品格的人们了解与他们类似的人这个事实而得到的,而金字
塔技术修改了这个观点,认为人们对一个主题或者领域具有强烈的
兴趣,这可以指引研究者找到比被访者自己更专业的人。经验表明,
金字塔模式在许多情况下比大量筛选技术能更有效地识别高质量的
信息提供者(von Hippel,Franke & Prugl,2005)。金字塔模式是由 3M
的部门科学家玛丽·宋内克和擅长产业培训程序开发的心理学家发
明而用于实际的工业流程中的。

识别目标市场中的领先用户

一般情况下,识别目标市场前沿的用户比识别先进同类领域的
用户要简单。可以采用筛选具有领先用户特征的用户的方式。当理
想的领先用户类型很罕见,筛选很难实施——常常会出现这种情
况——时,可以采用金字塔模式。另外,制造商可以利用这样的事
实:目标市场前沿的用户通常聚集在特殊场所或者活动中,而这种
场所或者活动制造商可能已经识别出来了。在那种场合,用户可能
无偿展示他们所做的创新,并从他人那儿学到如何进一步改善他们
的实践。对这些领先用户感兴趣的制造商可以很方便地访问这些场
所,并且倾听他们的意见。例如,运动器材企业可以去参加领先用户
参与的运动会,在实践中观察用户创新并进行比较。

同样的事情也可以在虚拟场所进行。例如,回想一下统计软

件供应商 StataCorp。它们出售的 Stata 软件包括了一套标准统计检验方法,同时也包括统计学家可以用来设计新检验方法以满足自身需求的语言和工具。有些 Stata 用户(统计学家)创建了几个专业的独立于 StataCorp 公司的网站,在这些网站上发布他们的创新,以供他人下载、使用、评论和改善。StataCorp 公司员工访问这些网站,研究这些用户创新,观察哪些检验方法受到大多数用户的欢迎,然后开发了这些较受欢迎的检验方法的专有版本作为商业产品。

如果特定领域内没有领先用户的专门集合场所,制造商也可以创建这种场所。如泰克尼康公司,组织了一系列研讨会,邀请他们的医疗设备用户聚集在一起交换创新信息。泰克尼康公司的工程师可以充分听取意见。用户开发的创新成了泰克尼康大部分重要新产品改良的创意来源(von Hippel & Finkelstein,1979)。

3M 的实验

为了检验先进同类领域的领先用户是否确实能产生指向具有商业价值的新产品的信息,利连、莫里森、萨尔斯、宋内克和我(Lilien et al.,2002)研究了 3M 公司进行的一项自然实验。3M 公司在同样的部门同时实施领先用户项目和基于传统的市场研究产生创意的项目,拥有充足的数据对可能的结果进行统计比较。

方法

3M 公司 1996 年首先在一个部门使用领先用户方法。到 2000 年 5 月开始收集数据时,3M 公司的 5 个部门完成了 7 个由领先用户(LU)产生创新的项目,并且对其中所带来的 5 个产品概念投入资金进行了进一步开发。这 5 个部门另外还有 42 个投资项目,这些项目是 3M 公司采用传统的"发现需求然后满足它"的创意产生方式而形成的。我们用这两组已经投入资金的项目来比较基于领先用户产生创意和基于传统方式产生创意的项目的绩效。虽然 3M 在研究中很合作,允许接触公司的记录以及项目开发团队的成员,但公司并没有提供可控制的试验背景。更加合理地,我们作为研究者需要考虑自然发生的差异性。

我们的研究方法需要事先-事后和试验-控制情景,需要至少拟随机的安排处理单元(Cook & Campbell,1979)。换言之,我们的目标是比较 3M 公司中在是否使用基于领先用户创意产生方面不同,而在其他方面尽可能相同的开发项目组。这样,就可以比较 LU 和非 LU 创新项目的成员和绩效诱因的不同。我们期望(但没有发现)LU 和非 LU 项目成员在实现重大的新产品改进方面的能力和动机的差异。3M 公司管理人员也谈到在这些方面两者没有什么区别,对一个部门的单个 LU 和非 LU 项目团队成员的正式的年度绩效目标的内容分析可以获得支持他们观点的数据。

我们也发现团队所面临的创新机会没有大的差异。他们也在寻找可能导致项目团队不同绩效的霍桑效应（Hawthorne effect）或安慰剂效应（placebo effect），但是没有发现（霍桑效应可以描述为"因为对我以及我的绩效额外关注，所以我会做得比较好"，而安慰剂效应可以描述为"我被告知某个结果可能会发生，我期望这会起作用，会努力去实现这个结果"）。我们认为 3M 的 LU 创意项目和非 LU 创意项目样本组，虽然并不满足试验设计的随机安排准则，但看来还是基本满足自然实验或准实验的检验和控制条件。数据是通过访谈和调查来收集的。

在研究所要分析的差异性方面——在项目中使用领先用户的方法——所有的领先用户团队都采用同样的领先用户流程，使用同样的培训材料，并且由同一组 3M 公司内部培训人员进行培训。每一个领先团队是由 3 到 4 名 3M 公司的市场和技术部门成员组成的。团队的工作始于重要的市场趋势的识别。然后，他们用金字塔模式识别与每个趋势相关的目标市场和先进的同类领域的领先用户。于是，来自许多领先用户创新的信息被整合到团队中，以创造新产品概念和业务计划——"LU 创意"（von Hippel, Thomke & Sonnack, 1999）。

非领先用户创意项目依照 3M 公司传统的实践方式实施，我把这种情况称为非 LU 创意产生方法，它们的团队称为非 LU 团队。非 LU 团队在规模和组成方面类似于领先用户团队。他们用数据资源来产生不同项目的创意。有时也用外部组织收集的信息、主要顾客中心小组的数据,以及来自实验室员工的信息。非 LU 团队收集了来自目标市场用户的信息,而不是来自领先用户的。

发现

我们的研究比较了 3M 公司的 5 个部门从 1999 年 2 月到 2000 年 3 月之间的所有已进行投资的由 LU 和非 LU 方法产生的产品概念,这 5 个部门投资了一个以上的领先用户产品概念。在此期间,5 个由领先用户产生创意的项目被投资,同时有 42 个非 LU 方法产生创意的项目被投资。这个比较的结果见表 10 - 1。通过寻找领先用户然后通过学习而产生的创意的新颖度显著大于非 LU 方法;同时也发现 LU 方法更能解决与众不同、全新的顾客需求,具有更高的市场份额,开发更完整的产品系列的更多潜力,和更高的战略重要性。领先用户开发的产品概念 5 年内的预计年销售额被认为是非 LU 方法的 8 倍——预计的年销售额分别是 1.46 亿美元和 1 800 万美元。因此,在 3M 公司,领先用户创意项目比传统的非 LU 方法具有更大的商业潜力($p<0.005$)。

表 10 -1 领先用户项目团队开发的新产品概念的商业前景远远超过非领先用户项目团队		
	LU 产品创意 ($n=5$)	非 LU 产品创意 ($n=42$)	显著性
与概念价值相关的因素		

（续表）

	LU 产品创意 （n=5）	非 LU 产品创意 （n=42）	显著性
与竞争者相比的新颖度[1]	9.6	6.8	0.01
解决顾客需求的原创性/新颖度	8.3	5.3	0.09
5 年内的市场份额(%)	68%	33%	0.01
5 年内预计的年销售额(考虑预测误差有缩减)	1.46 亿美元	1 800 万美元	0.00
完整产品系列的潜力[1]	10.0	7.5	0.03
营业利润	22%	24.0%	0.70
成功的概率	80%	66%	0.24
战略重要性[1]	9.6	7.3	0.08
知识产权保护[1]	7.1	6.7	0.8
与概念的组织适应性相关的因素			
与现有的销售渠道匹配[1]	8.8	8.0	0.61
与现有的生产能力匹配[1]	7.8	6.7	0.92
与现有的战略计划匹配[1]	9.8	8.4	0.24

资料来源：Lilien et al.,2002,表 1。
[1] 用 1~10 评定。

　　注意 LU 和非 LU 项目的销售数据都是预测性的,那么对于这些数据我们可以相信多少？我们从 3M 部门主管会计(部门主管会计负责审核新产品开发投资费用)那儿收集了预计销售额和实际销售额的数据。我们也从 1995 年 3M 公司的一项关于销售预测情况和实际销售情况比较的研究中获得数据。我们将这些信息整合,以得出 3M 公司各个部门的预测误差以及整个企业预测误差的分布。预测/实际的误差分布在+30%(高估)到-10%(低估)之间。基于这些信息,也咨询了 3M 管理层,我们将所有的预测数据缩减了 25%。这种缩减与 3M 公司的历史经验一致；同时，也是我们想提供谨慎的销售预测①。表 10-1 和之后的表格中都是缩减后的数据。

比较令人震惊的是，所有 5 个被投资的 3M 领先用户项目都为 3M 公司带来了重大的新产品系列（表 10-2），相反，42 个被投资的非 LU 产品创意只是对现有的产品系列的改良和拓展（采用 χ^2 检验，$p<0.005$）。

表 10 -2　领先用户项目团队为重大新产品系列开发创意；非领先用户项目团队为渐进的产品改良提供创意

	渐进产品改良	重大的新产品系列
LU 方法	0	5
非 LU 方法	41	1

资料来源：Lilient et al.,2002,表 2。

根据 3M 部门主管会计的建议，重大产品系列被定义为那些在分部财务报告中单独列示的产品。在我们研究的 3M 公司的部门中，1999 年单个重大产品系列的销售额占部门销售额的 7%～73%。而投资的领先用户项目创意的预计销售额远远高于这个范围的下

---

①　在一般的文献中，阿姆斯壮（Armstrong，2001）对新产品推广的预测误差的研究表明，销售额预测一般都是乐观的，但是随着预测的销售额数量增加，这种高估误差会减少。库勒和约翰（Coller & Yohn，1998）回顾了有关经营利润预测误差的文献，发现几乎没有系统误差。托尔（Tull，1976）通过模型计算得出，1 500 万美元的收入是一界限，超过这个值后平均的预测通常是悲观的。因此，我们认为对 LU 和非 LU 项目销售额预测数进行类似的缩减是有理由的。即使 LU 项目成员出于某些理由可能比非 LU 项目成员在同样的预测中更乐观，但这对我们的发现没有显著的影响，超过 60% 的 LU 项目的美元销售额价值预测是与这些项目没有联系的人员作出的（由外部的咨询公司或其他部门的业务分析员得出）。

限：预计引入 LU 创意 5 年后的销售额，按我们上面讨论的经过谨慎的缩减后，是部门目前销售额的 25%~300%。

为了说明 LU 团队在 3M 公司创造的是怎样的重大产品系列创新，我简短地描绘一下 4 种产品（其中有一个由于 3M 本身的原因没有在这里描绘）：

■　一种防止外科手术感染的新方法。这种新方法替代了传统的"均码"式的预防感染的方法，新方法基于每一个病人个人的生理易感染特性确定一系列特定于每个病人的检测方案。这种创新包括了新产品系列和成功将新产品引入市场并获得利润的业务和战略创新。

■　为电话现场维修工人设计的电子检测和通信设备，这种设备开创性地包括了声频、视频和远程数据获取功能。这些功能第一次使得在空间距离上分离的工人可以作为一个虚拟团队解决问题。

■　一种使用商业图片胶膜的新方法，这种新方法采用新设备使得工作时间从 48 小时缩减为不到 1 小时（商业图片胶膜可以用于将广告或装饰图片等覆盖整个卡车拖车、公共汽车或其他交通工具）。LU 团队的解决方案包括技术创新和相关的有助于创新扩散的渠道和业务模式变革。

■　一种在运输纸箱过程中保护易碎品的新方法，取代了如泡沫塑料之类的包装材料。这种新的产品系列比市场上的其他产品和方法更环保，对承运人和包裹接收人来说都更快捷、更便利。

利连、莫里森、萨尔斯、宋内克和我也研究了领先用户项目带来的重大产品系列与那些 3M 公司过去开发的重大产品系列，包括透明胶带，是否具有相似的特征。为确定这一点，我们收集了 1950~2000 年之间 3M 公司 5 个部门（这 5 个部门都执行过一个或多个领先用户研究）引入市场的所有重大产品系列（1950 年是我们可以获得的、仍然可以找到公司员工提供一些关于重大产品系列创新数据的最早年限）。我们的 1950~2000 年样本中的例子包括：

■ 透明胶带：透明的修理带，是同类产品中的第一个，并且在许多家庭和商业应用中获得了很大成功。

■ 用于手术室的一次性医用窗帘：一种开创性的医用一次性产品，现在有许多该产品的变形产品在销售。

■ 封箱纸带：这是第一种足够牢固可以用于为瓦楞运货箱封口的胶带，可以在大多数的瓦楞箱运输中应用，取代原来钉钉封口的方式。

■ 商用图片胶膜：一种能够承受室外环境的塑料胶膜，可以被印刷并且黏附在如货车拖车侧面等交通工具的宽大表面上。这种产品改变了整个设置户外标志的方法。

表 10-3 显示了 5 个 LU 重大产品系列和我们所能收集到数据的 16 个非 LU 重大产品系列的特征。正如我们所能看到的，源自领先用户的创新与 3M 公司过去开发的重大创新在许多方面是相似的。

表 10 -3	领先用户创造的重大新产品系列（MNPLs）与 3M 公司过去创造的 MNPLs 相似		
	LU MNPLs（n=5）	3M 过去的 MNPLs（n=16）	显著性
与竞争者相比的新颖度[1]	9.6	8.0	0.21
解决顾客需求的原创性/新颖度	8.3	7.9	0.78
5 年内的市场份额（%）	68%	61%	0.76
5 年内预计的年销售额（考虑预测误差有缩减）	1.46 亿美元[2]	6 200 万美元[2]	0.04
完整产品系列的潜力[1]	10.0	9.6	0.38
营业利润	22%	27%	0.41
成功的概率	80%	87%	0.35
战略重要性[1]	9.6	8.5	0.39
知识产权保护[1]	7.1	7.4	0.81
与现有的销售渠道匹配[1]	8.8	8.4	0.77
与现有的生产能力匹配[1]	7.8	6.7	0.53
与现有的战略计划匹配[1]	9.8	8.7	0.32

资料来源：Lilien et al.,2002,表 4。

[1] 用 1~10 评定。

[2] 为与 3M 公司历史的预测误差经验数据一致,1994 年及其以后商业化的所有重大产品系列 5 年销售额预计值都缩减了 25%。而 1994 年之前商业化的重大产品系列 5 年销售额为实际的历史销售数据。这些数据已经用总统经济报告的消费者价格指数折算成 1999 年的美元金额（经济顾问委员会,2000）。

讨　论

　　3M 公司对领先用户创新项目与采用"发现需求然后满足它"的方法产生创意的项目的比较表明,在先进同类领域寻找领先用户——他们具有与计划中的目标市场相似的但往往更极端的需求——方面具有强大的优势。这个结果也得到了其他 3 个在实物领域采用领先用户产生创意方法的研究结果的支持,不过这 3 个研究研究了目标市场而不是先进的同类领域的领先用户。下面我简短地描述一下这 3 个研究。它们每一个都产生了下一代产品——对公司是有价值的,但它们不是根本性的全新重大产品系列的基础。

■　回顾一下厄本和我(Urban & von Hippel,1988)研究的印刷电路板的计算机辅助设计(PC‑CAD)产品创意的商业吸引力。他们检验的其中一个产品创意包含了用户为满足自身需求在 PC‑CAD 领域进行创新而提出的新特征。然后,由 173 位目标市场用户对"领先用户创意"的吸引力进行评价,将它与其他 3 个创意——其中一个被描述为以后将商业化的最好的系统——进行比较。超过 80% 的目标市场用户更喜欢包含了领先用户开发创新的特征的创意,他们报告购买这种 PC‑CAD 系统的可能性为 51%,是购买其他任何一个系统的可能性的 2 倍。这些目标市场用户也愿意花相当于其他不包含领先用户创意的 PC‑CAD 系统 2 倍的价钱购买这种产品。

■　赫斯塔特和我(Herstatt & von Hippel,1992)记录了一个开发性的管道吊架——用于将管道附着于商业建筑天花板上的五金制品——的领先用户项目。一个大型建筑设备和产品制造商——喜利德公司(Hilti)实施这个项目。该公司基于领先用户的创意引入了一个管道吊架的新生产线,事后的研究表明这个产品是喜利德公司的一项重大商业成就。

■ 奥尔森和贝克(Olson & Bakke, 2001)报告了挪威领先的IT系统集成商Cinet公司为其公司的两大主要产品领域——台式个人电脑和Symfoni应用组件——实施的两项领先用户研究。这两个项目非常成功,大部分从领先用户那儿收集到的创意被应用于下一代产品。

主动寻找创新的领先用户可以使得制造商更快速地商业化领先用户创新。有人认为还有另一种备选的方法可以在领先用户创新之前识别他们。留心的制造商可以事先作一些安排,如购买有前途的领先用户组织,以获得有潜力的用户创新的优先使用权。我个人认为这种纵向联合的方法并不具有可行性。正如前面所看到的,领先用户可能开发的创新的特征和吸引力在一定程度上是基于领先用户个体所面临的具体环境和所拥有的信息。所以用户创新可能是非常广泛分布的现象,难以事先预测哪个用户更可能开发出很有价值的创新。

克里斯坦森(Christensen, 1997)、斯莱特和纳夫(Slater & Narver, 1998)以及其他人认为,公司如果过于关注顾客的要求可能失去根本性的或突破性的创新,那么,上述发现如何与这些论断相协调? 克里斯坦森(Christensen, 1997, p.59, n.21)写道:"埃里克·冯·希普尔的研究,经常被引用以证明聆听顾客的价值,表明顾客产生了主要的新产品创意……(克里斯坦森的)评价网络框架预期冯·希普尔研究中领先供应商的顾客的创新将会是维持性创新。我们预期突破性的创新来自其他源泉。"这里有两点可以用来说明这个问题。

首先，我承认供应商（制造商）和他们的顾客之间可能存在互相的误导。正如第四章中所讨论的，制造商具有利用已有能力进行开发创新的动机——这对他们而言是"维持性"的。顾客了解这一点，一个正在考虑转换新技术的顾客是不可能从认为这种技术是突破性的供应商那儿获取这种技术的。从这个角度看，制造商可能会从他的顾客那儿获得误导的信号。例如，假设一个计算机存储器的用户想将他的磁盘存储器转换成基于半导体的计算机存储器——这种技术对磁盘驱动存储器的制造商来说是突破性的。用户不可能告诉磁盘驱动器供应商他的计划。相反，他可能向制造商建议改善磁盘驱动器，同时向半导体制造商提出需要半导体存储产品。为什么顾客会这么做？因为他知道即使他提出要求，磁盘驱动器制造商也不太可能提供半导体存储器：原因非常明显，磁盘驱动器制造商目前没有能力做到。事实上，这样一个要求从顾客的角度看最可能的结果是否定的，磁盘驱动器制造商可能对此不会产生反应，原因是"无论如何，我们不久后就会失去顾客 X，他会成为基于半导体存储器的供应商的顾客"。

第二，领先用户是一个比特定于某个公司的顾客更宽泛的类别，其中许多领先用户具有不同于这些公司顾客的动机。能产生制造商感兴趣的创新的领先用户，如我们所了解的，可能存在于目标市场的前沿和先进的同类市场。从某些制造商的角度看,这些创新当然是突破性的,但进行创新的用户可能并不关心这些。毕竟,他们是为了满足自身的需求而开发产品的。例如,提姆·伯纳斯·李(Tim Berners-Lee)在 CERN(瑞士日内瓦欧洲粒子物理实验室)工作时作为领先用户开发了万维网。对许多公司而言,万维网当然是商业模式的突破性创新,但这不是提姆·伯纳斯·李所关心的。领先用户的独立性是制造商公司必须**寻找**领先用户创新的理由,正如 3M 公司在它的领先用户创意产生研究中所做的。"聆听你的顾客的声音"**不是**对领先用户的寻找(Danneels,2004)。许多领先用户并没有动机来引导或误导供应商,甚至没有动机与供应商接触,虽然那些供应商最终可能从他们的创新中获利或有所突破。

最后,我将提醒读者对创新源的研究表明用户会开发某些类型,但不是全部的创新。所以,制造商因此分化他们的产品开发战略和投资组合是有意义的。例如,他们可能希望脱离实际的新产品开发而寻找功能全新产品的领先用户创新。同时,制造商可能想继续开发那些并**不**需要高精度的需求信息和使用环境的产品。具有这种特征的一个令人注目的创新类型是对现有产品功能维度的改进。有时用户用所期望的功能维度来描述对改良产品的需求。例如,用户可能说,"我想要一台尽可能快速而且便宜的电脑";同样,医疗成像设备的用户可能说,"我需要一张具有技术所能实现的最好解析度的图像"。如果制造商(或用户)无法立刻达到用户所需的程度,他们会沿着功能维度的发展方向尽可能快地引入新一代产品。这种进展的速度受到**问题解决方案**的技术提高速度的影响。这意味着黏滞的方案信息是功能维度改良的核心，而不是黏滞的需求信息。制造商会倾向于从内部得到用来进行功能维度创新的信息。

第十一章

应用：用户创新和
定制设计的工具箱

对于相关用户和制造商的创新能力的深入理解，可以帮助设计更有效的合作创新过程。用户创新和顾客设计工具箱就阐述了这种可能性。在这个新设计的创新流程中，制造商实际上**放弃**了确切、详细地了解用户需求的意图。取而代之的是，他们将**需求相关**的创新任务交给了拥有合适工具箱的用户。这种流程变革不同于前面讨论过的领先用户寻找过程。领先用户寻找是识别已有的创新，但不改变用户创新者在开发新产品或服务时的条件。而用户工具箱则改变了潜在创新者所面临的条件。通过使得用户更低成本、快速地创新，他们可以增加用户创新的数量。他们也可以引导创新努力向工具箱支持的方向前进。

本章中，我将首先探讨为什么工具箱是有效的。然后，我将详细描述如何创建一个使用工具箱的合适环境以及工具箱如何发挥功能。最后，我将分析在什么样的条件下工具箱可能是最有价值的。

从工具箱中获利

用于终端用户的创新和设计的工具箱包括了产品设计、原型制作、设计检验工具。工具箱的目的是使得不是专家的用户可以设计高质量的、能准确满足他们需求的、可生产的产品。工具箱一般是便于用户使用的，可以引导用户工作。它们专门针对一种类型的产品或服务和具体的产品体系。例如，提供给顾客用于设计他们自己的、定制化的数字半导体芯片的工具箱是专门为这个目的而精心制作的——它不能用于设计其他类型的产品。用户使用工具箱,结合他们对自身需求的深入了解来开发一个初步的设计,然后进行模拟和制作原型,在他们自己的环境中检测它的性能,然后反复改良直到自己满意为止。

各种产品的制造商都发现,将设计定制产品的任务与合适的创新工具都交给他们的顾客是有利可图的。定制半导体领域的数据表明,利用工具箱,复杂程度相同的产品的开发时间可以减少 2/3 或者更多,开发成本显著降低。2000 年,价值超过 150 亿美元的定制集成电路是在这种工具箱的帮助下设计出来的——通常是由集成电路的用户设计的——并且是在被称为"硅铸造厂"的半导体定制工厂——如美国大规模集成电路公司（LSI）——生产的（Thomke & von Hippel,2002）。国际香料香精（IFF）公司,一家专门为食品业提供香味料的全权供应商,制作了一个工具箱,使得它的顾客可以根据自己的口味改变香味料,之后 IFF 就可以生产。在材料领域,GE 为顾客提供了基于网络的工具来设计更好的塑料制品。在软件方面,许多定制产品生产公司提供工具使得人们可以在它们的标准产品中添加定制的模块。例如,西木工作室（Westwood Studios）为它的顾客提供工具箱使得他们能在自己的视频游戏中设计重要的元素（Jeppesen, 2005）。

工具箱在用户设计中的主要功能是,根据所需的黏滞信息共同确定产品开发和服务开发任务。与开发特定类型的产品和服务相关的需求密集型任务被分配给用户,并提供完成这些任务所需的信息;同时,将问题解决密集型的任务分配给制造商。

我们在第五章讨论过,问题解决是普遍性的,而产品和服务开发是具体的,通过不断的试错学习循环而实现。当每一个试错循环过程需要获取超过一个地点的黏滞信息时,利用黏滞信息确定问题解决活动,是通过随着产品开发重复地将问题解决活动转向相关的黏滞信息地点而实现的。

例如,假设需求信息在潜在的产品用户所在地是黏滞的,而问题解决信息在制造商地点黏滞。一个使用者可以通过描绘当地的用户需求信息来说明期望的新产品或服务,以此开始他的产品开发(图11-1)。这种信息至少在一定程度上是黏滞的。因此,用户即使竭尽全力,也只能为制造商部分地提供以及提供部分正确的需求和用户情景信息。制造商然后将他的问题解决信息用于部分正确的用户

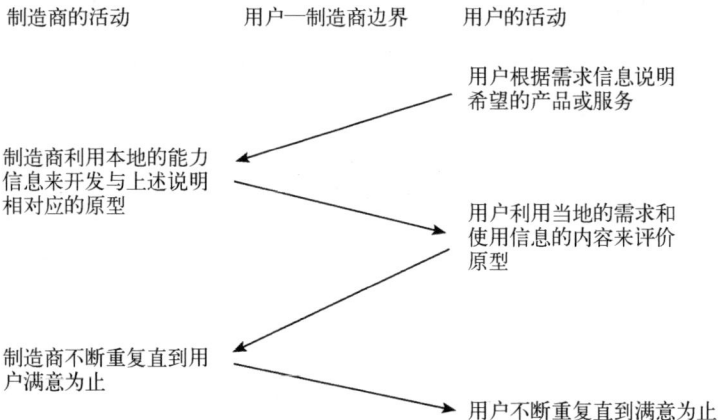

制造商的活动　　　　用户—制造商边界　　　　用户的活动

用户根据需求信息说明
希望的产品或服务

制造商利用本地的能力
信息来开发与上述说明
相对应的原型

用户利用当地的需求和
使用信息的内容来评价
原型

制造商不断重复直到用
户满意为止

用户不断重复直到满意为止

图11-1　产品和服务开发中经常遇到的解决问题的模式

信息,创建一个他认为能够反映这些需求的原型并将原型传递给用户进行检测。如果原型不令人满意(通常是这样的),产品开发又回到制造商处进行改进。通常,如一些实证研究(Tyre & von Hippel,1997;Kristensen,1992)所示,为实现一个令人满意的产品设计,黏滞的需求信息和/或解决方案信息所在地需要被重复访问(图11-2)。

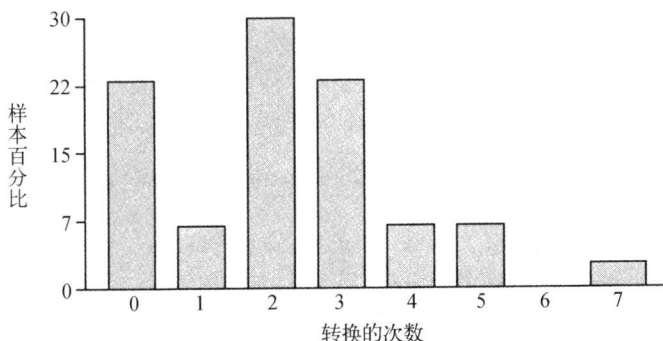

图11-2　加工设备改良过程中从用户到实验室之间转换的次数

用户—制造商反复循环的管理过程出现在许多现代产品的开发过程当中。在快速应用开发方法中,制造商通过开发一个计划产品的部分原型对用户的初始需求作出反应,这种原型包含了可能对用户来说最重要的特征;他们将它传递给用户,用户可以将它应用于自己的环境中以确定自己的需求;用户随后再次向产品开发者表达一些变化或新的特征需求。这个过程不断重复,直到实现可以接受的需求和解决方案的匹配。这样的重复"较好地满足了真实的用户需求,生产信息和功能更完善、更正确、更有意义"(Connell & Shafer,

1989)。

　　不过,即使是在细心的管理之下,问题解决过程中用户和制造开发商之间的反复转换也需要大量的协调成本。例如,在等待用户的反馈期间,制造商开发团队有其他的任务,所以当收到所需的反馈时,可能无法马上回到这个项目上。在产品开发中,减少用户和制造商之间跨边界的反复会提高效率,这也就是为用户设计提供工具箱的目的所在。如前面所提到的,为用户设计提供工具箱的基本设想是,将整体的产品开发任务分解为若干子问题,每一个子问题只包括一个地方的黏滞信息。接下来,每一项任务都被分配给已经拥有解决问题所需要的黏滞信息的一方去完成。用这种方法,用户和制造商之间仍然会采用反复的、试错的问题解决方法来解决安排给他们的任务,但这种反复只是在每一个部分内部进行——不需要用户和制造商之间跨边界循环所需要的成本和时间消耗(von Hippel,1998;2001;Thomke & von Hippel,2002;von Hippel & Katz,2002)。

　　为了领会在一个单一地点解决问题所带来的速度和效益的重大优势,来看一个大家熟悉的例子:使用或不使用"用户操作"财务电子数据表软件进行财务战略开发。

　　■　为了开发容易使用的财务电子数据表程序,如 Lotus 1 - 2 - 3、微软的 Excel 等,公司首席财务官(CFO)可能采用下述过程来进行财务战略开发:首先,CFO 会要求助手对一系列假设进行分析,得到分析结果需要几天或几小时;然后,CFO 会根据他对公司及公司目标的深入了解来研究分析结果。他通常会立即对开发出的模式进行试用,随后会要求来进一步分析研究这些应用。当 CFO 有新的任务要求时,助手会收到新的指令,继续这项工作。助手回到这项工作时,意味着循环开始,直到得到令人满意的结果。

■ 财务电子数据表软件开发出来后,CFO 可能要求助手装入具有公司数据的电子数据表,然后他就会"摆弄"这些数据,试验不同的想法和可能性,设想"如果……会……"。这样尝试的循环时间会持续几天、几小时或者几分钟。CFO 所拥有的充分的、丰富的信息可以影响每一次尝试的效果。一些未预期的模式——对 CFO 有建设意义但对知识较少的助手来说往往没有什么意义——可以马上被识别并且可以进一步研究。

一般认为,可以使得专家用户"自己动手"的电子数据表软件可以更快地实现更好的结果(Levy, 1984 ; Schrage, 2000)。在产品和服务开发的例子中,其优势也是相似的。当然,通过试错边干边学的情况仍然会发生,但由于在开发过程的早期,与需求相关的学习的整个循环都在一个地点(用户点)进行,所以循环时间会大大缩短。

开发任务的再分配

为了创建工具箱,必须分解产品开发任务,将与需求相关的信息集中于一方,而将与问题解决方案有关的信息分配给另一方。这可能导致产品或服务的基础结构的根本性变革。为了说明这一点,我将首先讨论在定制半导体芯片开发过程中任务的再分配;然后,我将进一步说明同样的原则可以应用于技术性不太强的定制食品设计。

传统情况下,完全定制的集成电路是一个循环的开发过程,正如图 11-1 所演示的。这个过程始于用户向集成电路制造商详细说明定制芯片所要实现的功能;然后,制造商的员工开始设计芯片,制造出一个(昂贵的)原型并且将它交给用户。用户检测后提出芯片的缺陷和/或最初需求说明中的缺陷,于是制造商就进行相应的改良,然后制造一个新的原型。这个循环不断持续直到用户满意为止。在这个传统的以制造商为中心的开发过程中,制造商的工程师通常将用户需求信息结合到电路的基本元件,如晶体管的设计中,也结合到将元件连接成电路的电子"线路"中。

将集成电路的定制分成解决方案子任务和需求子任务的观点是米德和康威(Mead & Conway,1980)提出的。他们认为数字芯片基本元件,如晶体管的设计,可以设计成适用于所有电路的标准件。这个子任务需要大量的关于半导体制作的制造商黏滞性问题解决信息,但不需要关于用户具体需求的详细信息,因此可以安排给基于制造商的芯片设计和芯片制作工程师。他们也观察到,将标准线路元件连接成集成电路只需要黏滞的、关于芯片功能的需求相关信息——如,是否将它作为计算机的微处理器,或者作为电子狗的声卡。这种子任务因此可以分配给用户,并同时提供能有助于圆满完成任务的工具箱。总之,这种被称为门阵列(gate array)的新芯片类型,详细地创建了一个全新的结构体系,使得需要黏滞的制造商问题解决信息的问题解决任务,与需要黏滞的用户需求信息的需求任务分离了开来。

在技术性不太强的情景——食品设计——中也有相似的基本原则。在这个领域,制造商设计师通常承担完整的新食品开发过程,因此,他们视其方便随意地将针对特定需求的设计与任意一个或者所有的食物配方元素相结合。例如,制造商开发人员可能发现,可以简单地通过为糕点本身设计新的口味或采用新材料来设计一种新糕点,或者通过为糕点上的覆盖物设计新的口味或采用新材料来设计一种新糕点。但是,我们可以将这些相似的任务分解,这样只有一部分任务利用了需求信息,并且可以比较容易地传递给用户。

比萨饼的制作可以说明上述问题。比萨饼的许多设计元素,如面团、奶酪等,都是标准化的。用户的选择就只能局限在一个任务上:比萨面饼上馅料的设计。换言之,所有特定于某一具体用户的需求相关信息只与馅料设计任务联系起来。将这个单一的任务转交给用户,也可能给具有创造力的个体提供了很大的设计空间(虽然比萨店往往对此有严格限制)。任何可以食用的成分,从蝾螈的眼睛到可食用的花,都可能成为馅料的组成成分。但是,需求信息只集中于单一生产设计任务中这一事实,使得将自由设计权赋予用户变得更简单。

工具箱的功能

如果制造商将需求密集的设计任务交付给用户,那么,必须同时确保用户具有能有效完成这些任务所需的信息。这可以通过用户创新的工具箱来实现。作为一般概念,工具箱不是新提出来的——每一个制造商都为他们自己的工程师配置一套适用于开发他要生产的产品和服务的工具。用户工具箱也不是新概念——许多用户拥有个人收集的工具,可以帮助他们发明新的物品或者对标准件进行改良。例如,有些用户拥有木工工具,从锯子到木工胶水,可以帮助他们自己制作家具或者修改家具——以非常新颖的方式或者以非常标准的方式。而有些用户可能拥有用于创作或修改软件所需的软件工具包。这里的新概念是,完整的工具箱使得用户可以发明**并且**检测定制产品和服务的设计,并且可以同样用于制造商的生产。

实践表明,用于用户创新的高质量工具箱具有五个方面的重要特征:(1)它使得用户可以完成整个试验——失败学习的过程;(2)它给用户提供解决问题的空间,包含了用户想要制作的设计;(3)它必须是容易使用的,几乎不需要专业的训练就会使用;(4)它包括了一些通用的模块,用户可以用于定制设计;(5)它可以确保用户设计的定制产品和服务不需要制造商进行修改就可以在制造商的主产设备上进行生产。

通过试验和失败进行学习

很重要的一点是,用户创新工具箱可以使得用户在进行设计时完成一个完整的试错循环。注意试错的问题解决模式对产品开发而言是必然的。例如,假设用户在为他自己的公司设计一个新的电话答录系统,采用的是供应商提供的基于软件的计算机电话集成(Computer Telephony Integration,CTI)设计工具箱。同时假设用户决定在他的设计中加入一条新的指令"将所有 X 类型的呼叫转移给乔"。一个合适的工具箱会允许他暂时地将这条指令放到电话系统软件中,这样他可以实际试一试(通过现实的测试或者通过模拟),看看会有什么情况发生。可能这个问题方案状况良好。但可能他会发现这个新指令会导致一些事先没有想到的麻烦——如,乔可能会收到太多的呼叫——在这种情况下,用户可以返回设计阶段,进行另外的实践和试验。

同样,在半导体设计领域中创新工具箱允许用户试验他们认为能满足自身需求的集成电路,然后通过计算机来模拟"运行"电路以检测设计。这能够快速地发现差错所在,用户也能使用工具箱提供的诊断和设计工具快速而低成本地进行修正。例如,用户检测模拟的电路设计,可能发现有一个调整电路的开关被遗忘了——这种发现只需要进行一次必要的电路调整就可以完成。用户随后就可以快速地、便宜地进行设计所需要的开发而不需要付出什么成本或延误时间。

考虑如果没有工具箱可能带来的结果，我们可以看到工具箱对用户试错学习能力的重要性。如果没有给用户提供工具箱让他们能利用自身黏滞的信息进行试错学习，他们必须真的订购一件产品，随后该产品被制造商生产出来，用户从产品中学习以发现设计问题所在——这通常是非常昂贵并且不令人满意的。例如，汽车制造商允许用户对他们的汽车有一定的选择，但他们并不为用户提供在设计过程之中以及在购买之前进行学习的途径。对顾客而言，其代价就是很晚才发现一些没有想到的情况："那种宽轮胎从图片上看起来效果好极了。但是，现在我拿到了汽车，我发现我并不喜欢它的操纵效果。更糟糕的是，我发现我的汽车对我的车库而言太宽了！"

定制电脑的买家也常常遇到类似的不幸。许多定制电脑制造商提供网站，允许用户"在线设计你自己的电脑"。然而，这些网站并不允许用户进行试错设计。事实上，他们只是允许用户简单地从可供选择的列表中选择一些计算机组件，如处理器芯片、磁盘驱动器等。一旦完成这些选择，设计也就完成了，电脑随后被生产出来并且发送到用户手中。用户在购买和第一次现场使用——伴随着的是欢呼声或者后悔声——之前无法检测他们选择的功能的效果。

相反，一个成熟的用户创新工具箱允许用户进行试错检测，以评价初始选择并且加以改善。例如，计算机网站可以通过以下方式添加这种功能：让用户在购买前能够对他们指定用来运行自己程序的硬件结构进行实际的检测和评价，并且运行一些任务。为了做到这一点，网站可以提供有关绩效——如，允许用户访问远程电脑来模拟他们定制的计算机的运行——以及其他对用户来说有意义的选项的诊断（如，"如果你花 y 元增加了 x，那么完成任务所需的时间可以减少 z 秒"），这样用户可以权衡他/她自己的偏好来修改或确认最初的设计选择。

适当的问题解决空间

定制产品和服务的经济生产只有当定制设计正好处在特定制造商生产系统的已有能力和自由限度之内时才可能实现。我的同事和我将这称为系统提供的**问题解决空间**。问题解决空间可能非常大或者非常小，如果一个工具箱的输出结果与一个特定的生产系统联系在一起，那么该工具箱给用户提供的实际自由度就相应的比较大或者比较小。例如，定制集成电路制造商的生产工艺可以提供给用户非常大的问题解决空间——用户所希望的以任意方式对任意逻辑元件进行连接都可以被生产，因此用户可以在这个空间范围内实现任意的产品，包括从新型的计算机处理器到新型的硅片。但是请注意，半导体生产流程对此仍然有严格的限制，它只能用于以半导体逻辑表示的产品设计——无法应用于自行车或住宅的设计。而且，即使在半导体领域，它也只能生产在一定的规格以及其他特征范围内的半导体。另外一个生产系统能为设计者——并且可能通过工具箱为用户设计者——提供很大的问题解决空间的例子是自动数字控制机床。利用这种工具，通过各种基本的机械操作，如钻孔、碾磨的组合，可以用任意一种可机器加工的材料制作出任意的模型。这样，能用于自动数字控制机床的创新工具箱就可以给用户提供非常大的问题解决空间。

正如上述案例所描述的，当生产系统以及相应的工具箱允许用户操作和组合一些相对基本和通用的组件与工序时，用户设计师往往能得到较大的问题解决空间。相反，当用户只被允许对相对较少的预先确定的选择进行组合时，问题解决空间往往较小。因此，那些希望设计自己的定制汽车的用户被限制在相对较小的问题解决空间中：他们只能在引擎、变速器、喷漆色彩等选择单上进行一些选择。同样地，眼镜的购买者被局限于只能对"清单中任意一种"已设计好的镜框和镜片进行组合。

定制产品或服务的生产商们限制用户设计师可能用到的问题解决空间的原因是，只有当定制的用户设计只需要对现有的生产工艺进行简单的低成本调整的情况下，定制产品才能以比较合理的价格加以生产；而这个条件只有在问题解决空间内才能实现。如果超越这个空间，那么制造商需要进行额外的、或多或少的投资来满足用户的请求。例如，如果用户对大型芯片的需求超越了对应于现有生产设备的问题解决空间，集成电路制造商可能需要投资几百万美元，并且对整个生产流程进行修改。

用户友好的工具

当用户的创新工具箱是"用户友好的"时，用户只要运用自己已拥有的技能就可以使用，并且可以采用用户习惯的、有过良好实践的设计语言来进行工作，此时用户创新工具箱效果最好、最成功。这意味着用户不需要学习（通常是很难的）制造商设计师们使用的设计技术和语言习惯，所以他们几乎不需要经过培训就可以有效地使用工具箱。

例如，在定制集成电路的设计中，工具箱的用户通常是电气工程师，他们设计包含了定制半导体芯片的电气系统。电气工程师们常用的数字设计语言是 Boolean algebra。因此，设计定制半导体的用户友好工具箱允许用户用这种语言进行设计。即，用户可以使用他们自己的、熟悉的设计语言来开发设计方案、检测它的运行情况并且加以改善。在这个设计过程的最后，工具箱可以将用户的逻辑设计转换成半导体制造商生产系统所需的设计输入。

只有在用户**已经**对一些合适的、比较完善的语言或者技术和工具比较熟悉的情况下，才可能出现建立在用户熟悉的语言、技术或者工具基础上的设计工具箱。令人感兴趣的是，这种情况比人们最初假设的情况要普遍，至少从用户希望一个产品或服务所能完成的**功能**这个角度——因为功能是产品和服务展示给用户的"界面"（事实上，一个产品或服务的内行用户可能比制造商的专家更熟悉这种功能界面）。因此，定制半导体的用户在他或她希望定制芯片**做什么方**

面是个专家,并且对从熟悉的功能元件到希望实现的结果之间的转换比较有经验:"如果我提高芯片时脉,那么我就能缩小高速缓冲存储器的尺寸……"

对于技术性不太强的例子,我们可以考虑一下发型的设计。当然,即使是很内行的顾客可能也不了解发型师了解的很多信息,例如,如何通过一层层的削剪使得头发产生特定的形状,或者通过有选择地对几缕头发进行染色,使得头发具有特定的条纹状色彩。但是,一个有经验的顾客通常非常清楚如何通过镜子的反射来观察他或她的脸型和发型是否匹配,观察发型的卷曲、形状、颜色是否达到了所期望的效果。此外,用户对每天梳理头发所使用的工具,如剪刀、梳子的性质和功能非常熟悉。

一个用户友好的发型创新工具箱就可以建立在这些用户熟悉的技能和工具的基础之上。例如,顾客可以被邀请坐在电脑屏幕前,通过视频摄像机来分析自己脸型和发型的影像。然后,她可以从电脑屏幕上选择色彩,可以观察在她现有的发型上的效果,可以仔细观察发型,可以通过试错学习反复修改。同样,用户可以选择和操作熟悉的工具,如梳子和剪刀的图标,来改变电脑屏幕所显示的自己发型的长度和形状,能够对得到的结果进行研究并进一步改进等等。注意,顾客的新设计可以是他/她所期望的全新的效果,因为这种工具箱使得用户可以使用最基本的发型元素和工具,如色彩和剪刀。当用户满意时,这种设计就可以用发型师的语言转换成技术的发型指令——在这个例子中,这就是目标的生产系统。

总体而言,计算机软件和硬件的稳步改善使得工具箱设计师可以以越来越方便用户的方式为用户提供信息。以前,通常以说明表或者说明书的形式向用户提供信息。当用户开发项目需要了解相关的特定信息时,经常需要拿出说明书,在里面翻找。现在,所需的大量潜在信息被包含在计算机化的工具箱中,当开发工作需要相关信息时,工具箱能提供给用户相应的信息条目。

模块库

定制设计很少在所有方面都是全新的。因此,标准化模块库对用户创新来说可能很有用。通过这样的模块库,用户可以将他们的创造性工作集中于那些无法通过选择已有设计来实现的产品或服务设计项目上。例如,建筑师发现建筑元素库非常有用,里面有大量标准的支撑建筑的支柱,并且附有结构特征分析,这些可以用于他们新建筑物的设计中。与之相同,想要特定发型的顾客发现从工具箱的资料库中选择一个发型作为基础进行发型设计非常有用。这个选择的目的是能选择到具有所希望发型的某些元素的发型,这样顾客就可以通过对已有发型进行添加或削减来获得他们所希望的发型。

将用户的设计转换成生产方案

用户创新工具箱的"语言"必须可以在用户设计工作完成后被正

221

确无误地翻译成目标生产系统的语言。如果不行，那么工具箱就失去了所有的意义——因为收到用户设计的制造商必须重新进行设计。准确无误的翻译并不一定会成为一个大问题——例如，在集成电路设计工具箱的开发过程中，它从来不是一个大问题，因为芯片设计师和芯片生产者都采用基于数字逻辑的语言。相反，在有些领域，从用户喜欢的设计语言转换成目标生产系统的语言可能**正是**设计工具箱的核心问题。作为例证，我们来看一下近期雀巢公司美国餐饮部食品开发主管尹瑞·格姆（Erine Gum）负责的一个工具箱检测项目。

雀巢餐饮的一个主要业务是生产定制的食品，例如为大的餐馆连锁店提供墨西哥调味酱。这种类型的定制食品通常是由这些连锁店的主厨开发或者改进的，他们利用烹饪学校所教授的有效的设计和制作工具箱来完成开发或改良工作，这种配方开发过程基于个人或餐馆的食物成分，并且用餐馆的器具进行开发。当他们采用传统的工具箱开发新的菜单配方或者对它进行改良后，主厨会请雀巢餐饮或其他定制食品生产商生产他们所设计的产品——这里，翻译问题就出现了。

将用传统的餐馆烹饪语言表达的食品配方翻译成食品制造厂所需要的语言不可避免地会产生错误。食品工厂需要的是定量的配料成分，它们不同于主厨在配方开发过程中使用的成分，并且尝起来味道也不相同。而且，食品工厂使用的是大批量生产的设备，如大型蒸汽锅。这种设备与餐馆使用的焙烧炉、圆底深锅和平底浅锅非常不同,通常无法复制主厨们在炉子前的烹饪条件——如快速加热。因此,食品生产工厂无法在工厂条件下简单地"依样画葫芦"地根据主厨们开发或改良的食物配方进行生产——否则将会使得口味不同。

结果,即使主厨用传统的厨师工具箱发明了食物的原型,食品制造商发现其中的大部分信息——关于成分和加工条件的信息——通常是无用的,因为他们不能直接转换成工厂里面所使用的术语。唯一可用的信息是原型上所反映出来的口味和特色。于是,生产工厂的厨师需要小心地测试和品尝顾客所定制的食品原型,然后试图用工厂的成分和方法制作出尝起来味道差不多的食品。但是主厨的味蕾与工厂厨师的味蕾不一定相同,所以工厂最初生产出来的食品——以及第二次、第三次生产的食品——通常不是主厨所要的食品,因此生产者必须反复修改,直到主厨最终满意为止。

为了解决翻译问题,格姆发明了一种含有预处理食物成分的新工具箱,可以让主厨用于食品开发。工具箱中的每一种配料成分都是主厨们在传统的配方开发过程中所使用的成分的雀巢版本:即,它是雀巢在生产中所使用的配料成分,可以被雀巢的工厂设备所加工。这样,为开发墨西哥调味酱而使用的工具箱中包括了可以用工业设备进行加工的辣椒酱的成分,它与用于商业批量生产的成分相同(这个工具箱中的每一种成分也包括生产过程中各种材料相互作用的情况——例如,在辣椒酱中加入土豆后的口味——这样,这种相互作用对口味的影响也提供给了工具箱的用户)。

有兴趣使用雀巢工具箱开发新的墨西哥调味酱的厨师们可以收

到 20~30 种配料，每一种都放在单独的塑料袋中。他们同时也收到使用这些配料的说明书。工具箱的用户会发现这些配料每一种都与他们使用的新鲜材料略有不同，但这种不同可以通过直接的试用马上发现。厨师们就可以调整这些配料及其比例，以得到所期望的口味和特色。当基于工具箱配料的配方完成后，它能够马上并且被雀巢工厂正确复制——因为现在在主厨们使用的是与工厂相同的语言。在雀巢这个案例中，食品开发部门研究者的现场试验发现：在为用户设计的工具箱中增加无误翻译的特点之后，可以减少雀巢公司和它的定制食品购买者之间发生的重复设计和修改的互动工作，从而将定制食品开发周期从 26 周减少到了 3 周。

讨　　论

工具箱的成功与工具箱的质量和行业条件显著相关。因此，普鲁格和法兰克（Prügl & Franke，2005）研究了一个行业——计算机游戏——中的 100 个成功的工具箱。他们发现，被独立的专家评价为成功的工具箱，与本章讨论过的工具箱的制作质量特征有显著相关。也就是说，成功与否受到工具箱提供的试错学习机会的质量、提供给用户用于设计的问题解决空间的匹配性、工具的用户友好性、工具箱提供的模块库的质量这些因素的显著影响。史莱尔和法兰克（Schreier & Franke，2004）在一个关于拥有制造商所提供的简单工具箱的用户为消费品（领带、T恤、手机袋）所增加的价值的研究中，也得到了关于工具箱质量重要性的信息。他们用维克瑞拍卖（Vickrey auction，第二价位秘密竞标）来衡量，发现用户为定制设计买单的意愿与用工具箱进行定制设计的难度显著负相关。反之，与使用工具箱中所体验到的愉快经历显著正相关。

在行业和市场条件方面，当**大量**用户的不同需求通过工具箱所包含的一个问题解决标准方案就可以得到满足时，运用用户创新工具箱进行产品设计才最吸引工具箱供应商。这是因为如果将所有与用户设计决策相关的问题解决信息和生产信息都包含在工具箱中需要昂贵的成本。例如，一个定制半导体设计的工具箱需要包括半导体生产流程的信息，以确保可以生产用户开发的设计。对这种类型的信息进行编码的成本是一次性的，所以这种情况下能够被许多人使用的问题解决方法最具有经济意义。

即使当有差异的需求信息可以用通用的解决方案来满足时，用户创新工具箱也并不是能够满足全部需求的合适解决方案。特别是当设计的产品需要最高的效能时，工具箱可能不是首选的方法。工具箱所包含的自动设计规则并不能像真人设计师那样熟练地将设计转换成产品或软件，至少目前不能。例如，用工具箱得到的门阵列设计往往比完全通过定制开发所得到的同样复杂度的设计需要占用更多的硅片空间。因此，即使已经有了工具箱，制造商可能仍在继续设计确定的产品（那些具有较高技术难度的产品），而顾客负责进行其他的设计（那些具有复杂的或者快速发展的用户需求的设计）。

工具箱可以为用户提供一定范围的设计能力。比较高级的，如用户能利用定制集成电路设计的工具箱，进行真正的创新，设计任何一种可以用于数字电子设备的产品，从洗碗机的控制器到新型的巨型计算机或人工智能形式。比较低级的，通常是由大规模定制产品制造商提供的产品配置工具，例如，可以让顾客从已经设计好的形状、指针、外壳、表带等列表中进行选择以得到一块定制的手表[大规模定制生产系统可以以接近大规模生产的成本单件小批地生产在一定范围内变化的产品（Pine, 1933）。在美国，这些制造商使用的生产系统通常是由计算机控制的生产设备]。

在具有不同需求的市场中，用户创新工具箱所提供的自由设计空间可能并不能让所有用户甚至不能让大部分用户感兴趣。用户必须对某个与众不同的东西产生足够大的需求，才能够抵消以其感兴趣的方式使用工具箱的成本。因此工具箱只能提供给一部分用户使用。在软件领域，工具箱可以和产品或服务默认的标准版本一起提供给所有用户，因为传递这种软件的额外成本几乎为零。在这种例子中，工具箱的能力将被搁置在幕后处于未使用的状态，除非并且直到用户有足够的动机来开发和应用它。

为顾客提供工具箱可以成为制造商的领先用户创意产生办法的补充手段。一部分选择使用工具箱来设计能够满足自身需求的产品的用户，如果对一般市场需求有强烈的预测能力，就可能成为领先用户。制造商如果能识别并且获得这些领先用户对产品的具有广泛实用性的改善，然后将它推向一般市场，他们会发现这种行为是非常有价值的。出于这个原因,制造商可能会发现使用创新工具箱是有价值的,即使是能够直接使用这种创新的目标市场的比例相对较低。

工具箱能影响现有的业务模式,可能影响也可能不影响制造商的长期竞争优势。例如,假设许多产品或服务的生产商可以同时从他们的设计能力和生产能力中获利。通过工具箱向用户定制的转变会长期影响这方面的能力。因此,较早将工具箱方式应用于产品或服务定制领域的制造商,可以通过将工具箱和他们的特定生产设备相联系来获取优势。然而,当顾客设计者可以使用工具箱时,这种联系通常会随着时间而减弱。顾客和独立的工具开发者最终会设计兼容多家制造商工艺的工具箱。事实上,在定制集成电路领域中这已经发生过。最早的工具箱开发者 LSI 公司,以及竞争对手随后公开的工具箱都是特定于某个生产者的。但随着时间的推移,出现了铿腾这样的专业工具箱供应公司,开发了适用于不同供应商的设计工具箱。最后结果是,那些最初能通过销售他们的产品设计能力和生产能力获利的制造商,最后不得不通过工具箱将设计任务转移给用户,而他们自己也只能通过他们的生产能力获利。

认为向用户创新和设计工具箱的转变会导致陷入长期被动局面的制造商,不一定会有雅兴屈尊推出工具箱。但如果有制造商推出有助于用户使用产品的高质量的工具箱,顾客会向那家制造商的产品的方向移动,这就迫使竞争者跟随这一举动。因此,处在适合引入工具箱的领域中的公司真正面临的选择,可能就是成为领先者还是追随者。

第十二章

用户创新与其他
现象和领域的联系

最后一章将描述以用户为中心的创新与其他现象和文献之间的联系。当然，创新这个词语可以与任何事物联系起来，所以，我在这里只讨论集中在知识树上与之最接近的现象和文献。我的目的是为有兴趣的读者提供一些重要的文献，可以帮助他们以后向更深远的领域拓展。在现象方面，我将首先指出用户创新与**信息**社团的关系——用户创新社团是信息社团的一个分支。在相关的领域方面，我会首先将本书中研究的以用户为中心的创新现象与知识经济文献、国家竞争优势联系起来；随后，将它与技术的社会学研究相联系；最后，我将指出，如何能够——但目前还没有——将有关用户创新与产品开发相联系并且作为其补充方式的发现传授给管理者。

信 息 社 团

我讨论过的许多有关用户创新社团方面的观点也适用于信息社团——这是一个更普遍的类别，创新社团是它的一个分支。我将信息社团定义为汇集于一个信息公地的个体和/或组织的社团或网络，是信息的集合地，这些信息以平等的原则对所有人开放。

根据我们讨论过的创新社团类推，我假设基于公地的信息社团或网络是在以下条件下形成的：（1）有些人具有一些并不为其他人所了解的信息；（2）有些人愿意无偿公开他们所知道的信息；（3）信息源以外的人使用了这些公开的信息。在直觉的基础上，人们马上可以发现这些条件经常能够得到满足。当然,个人和公司知道不同的事情;当然,有许多事情人们不会不愿意公开;当然,其他人也经常对这些自由公开的内容感兴趣。毕竟,作为个体,我们常常自由公开那些询问的人所不知道的信息,也可以假设这些人至少对我们所提供的部分信息是重视的。

信息社团的经济效果比我们前面讨论过的用户创新社团要普遍得多,因为有价值的专有信息并不总是处于舞台的中央。当信息社团以更便利、更容易使用的方式提供非专有的"内容"时,人们只需要考虑与信息扩散相关的成本和收益就行了,而不需要考虑与无偿公开专有的创新信息相关的潜在损失。

出于同用户创新社团相似的理由,信息社团很可能正越来越普遍:随着计算机和通信技术的提高,信息扩散的成本正在稳步地下降。其结果是,信息社团对经济和产业前景的影响在迅速增长。他们为分散的群体赋予一定权利并且进一步发展,这些分散的群体第一次可以低成本地获得相互感兴趣的、大量的、丰富的、新鲜的信息。与用户创新网络一样,信息网络可以实实在在地储存其成员无偿公开的内容,并且以自由下载的方式使其他人可以获得这些内容(维基百科就是这样一个例子)。而且/或者,信息网络不仅仅能实际储存信息,甚至可以将信息搜寻者与信息拥有者**连接**起来。在后面的例子中,参与者在网络上发布信息,希望某些拥有所需信息的人能够看到他们的请求,并且提供回答(Lakhani & von Hippel,2003)。一个广为人知的例子就是医药领域的专业网站。在这里,一些患有罕见病症的病人第一次可以在网站上相互认识，并且可以结识医治这些疾病的专家。参与到这个群体中的医生和病人可以相互提供并使用信息，这些信息以前是分散的，并且在大部分实践中是无法获取的。

正如用户创新社团一样，开放信息社团发展迅速，成功所需的行为与基础设施越来越多地被学习与收集整理起来。这些社团当然不局限于用户参与者，因此，病人和医生都经常加入医药信息社团。同时，信息社团可以由以营利为目的的公司和/或出于非营利目的的信息提供者和用户来运行。公司和用户开发了许多类型的开放信息社团，并且在市场上进行检验。作为商业化运作的信息公地的例子，易趣(e-Bay)网站中，许多人在一个由商业企业提供的体系上发布信息，这家商业企业然后从信息提供者和信息需求者的交易中提取佣金以获取利润。用户自我维持的信息社团的例子，可以参考一些专门针对某些疾病的网站——如 childrenfacingillness.com。

信息社团对已有的商业模式有重大影响。例如，随着交易双方提高信息的质量，市场变得越来越有效。因此，产品和服务制造商可以从有关潜在用户的感知和偏好的优质信息中获利；同样地，产品和服务制造商也可以从关于市场不同产品特征的优质信息中获利。传统情况下，公司通过面对面的访谈和(大规模市场情况下)问卷来收集关于用户需求和产品特征的信息。高质量的同类信息现在几乎不费任何成本就可以搜集到，用户自己和/或以营利为目的的企业可能将其公布在特定的互联网网站上。戴拉考斯、阿瓦德、张(Dellarocas, Awad & Zhang, 2004)发现，在线电影评论信息与通过对被调查者的样本进行调查所收集到的信息同样正确。这种收集数据的新方法显然会影响到现有公司的商业模式,www.ciao.co.uk 之类的网站正在显示这种新的可能性。如果交易各方的信息质量提高了而信息价格很低,那么交易质量也会提高。通过在线的产品评价网站,即使是一项小小的购买决策,如选择晚餐的地点,顾客也可能获得更高质量的信息。

被保罗·大卫(Paul David)和他的同事们称为"开放科学"的是一种与前面讨论过的创新社团密切相关的信息社团(David,1992;Dasgupta & David,1994;David,1998)。无偿公开发现成果当然是现代科学的一个特征。科学家们定期地发表论文,无偿发布可能具有很大专有价值的信息。这就引发了在创新社团中讨论过的同样的问题:为什么科学家们愿意无偿公开他们以私人成本开发的信息? 问题答案与创新用户无偿公开专有创新的答案有相同之处,但也有不同。相似的是,科学社会学家发现同行之间的声誉对科学家们很重要,而率先发现新知识是这种声誉的主要部分。正因为这种领先的重要性,所以科学家们一般都会尽快完成他们的研究,然后尽早无偿公布他们的发现。这种动态对社会福利具有很大的好处(Merton,1973)。

有一点重要的差异是,在许多国家用政府资金资助研究是一项公共政策。这些政策的制定是基于这样的假设:只有极少量的科学研究是仅仅出于声誉动机而进行的。相反,创新用户的开发行为和无偿公开的创新并没有受到任何资助。用户,不同于"科学家",从定义上看对他们所创造的创新知识会进行私人或公司化的应用,这种额外的奖励来源也许可以解释为什么创新社团可以在没有资助的情况下繁荣发展。

知 识 经 济

在这个领域,弗雷(Foray, 2004)绘制了详细的路径图来反映知识经济和用户的中心作用。弗雷认为,信息和通信技术(ICT)的根本变革为知识生产和扩散的经济性带来了重大变革。经济学家通常将知识的产生归因于研究和开发,这种研究和开发是以致力于发明和创新的活动来定义的。从马克鲁普(Machlup, 1962)开始,经济学家也将知识经济视同为集中于通信、教育、媒体、计算机和信息服务等专业领域的活动。弗雷认为这种简化的理解,虽然为对知识产生活动的评价提供了基础,但是这样的简化从来都是不合适的,现在已经完全成为误导。

弗雷谈到,知识的产生,现在是跨越所有产业领域的重大活动,因此绝对不局限于R&D实验室:我们已经进入知识经济时代。他对R&D和干中学进行了重要区分:前者是在远离"干"的实验室中进行的,而干中学则是在生产场所进行的。他认为两者都很重要,能够互相补充不足。实验室研究在寻求对事物的基础性理解中,可以忽视生产中出现的复杂情况;而干中学则完全忠诚于实际的生产工艺,具有相反的优势。但是干中学的不足是,希望同时进行两件事——生产和学习——其结果可能是导致两者的目的均无法完全实现。

弗雷将用户置于知识生产的核心。他认为对管理层而言,一个重要的挑战是把握用户在"干"和"生产"过程中"在线"的知识创造,并且与实验室中"脱机"的知识创造相整合。他研究了用户及其他人之间知识生产的分散特征的意义,并且注意到信息和通信技术能力的增强会减少创新者控制他们所创造的知识的能力,所以他提出最有效的知识管理政策和实践将建立在对知识的共享之上。

韦伯(Weber,2004,pp.72~73)在开源软件这个特定领域的研究中提出了类似的观点。他注意到:"传统的工业经济时代的语言,区分了生产者和消费者、供应和需求。开源运动搅乱了这些类别,开源软件的用户不是传统意义上的消费者……用户已经深深地介入了生产流程。"韦伯的核心理论是:开源运动是有组织生产的新方式:

> 一个解决方案是我们熟悉的经济形式,依赖于排他的产权、劳动力的分工、交易成本的减少以及对委托—代理问题的管理。开源的成功显示了一个完全不同的解决方案的重要性,这种解决方案是建立在对分散的产权的非传统理解的基础上……它依赖于一系列协调分散创新的管理问题的组织结构,这不同于对劳动力的分工(同上,p.224)。

韦伯详细研究了开源项目的产权体系、开源创新社团的特征以及参与者的行为动机,认为这种生产的新模式会超越开源软件的开

发,到达一个现在尚不清楚的范围和程度:

> 开源试验的一个重要趋势是,不再将交易视作是制度设计的关键决定因素……交易成本经济学的细致分析在通过功能外包(以外购代替自制的决策)来解释劳动力分工的演化方面确实做了一些非常有意思的工作。但是开源运动增加了其他的元素。作为组织战略决策的开源观点是分散创新的有效选择,正如外包是围绕交易成本而产生的有效选择……随着用户的愿望和需求信息越来越细致、越来越有个体差异、越来越难以清楚地表达,那么,通过提供自由修改的工具就产生了使得创新更接近用户的动机。

国家竞争优势

对于国家政策制定者来说,对国家创新系统和国内企业竞争优势的理解是一件非常重要的事情(Nelson,1993)。我们从本书中学到的知识是否可以为他们的思考提供一些帮助? 波特(Poter,1991)用竞争战略的智力因素评价了国家的竞争优势,认为决定国家竞争优势的四个主要因素之一是需求条件。"对于一个国家的公司而言,"他认为,"如果国内的买主是全球最精明和最苛刻的(或其中的一部分),就可以获得竞争优势。因为这样的买主提供了一个进入最领先用户的需求的窗口……由于本土的环境造成国内的产品需求十分精确并充满挑战时,买方的要求就比较苛刻。"例如,"美国大陆开采油井十分密集,所以现在油井的开采越来越困难,并且处于边远地带。这给美国的野外石油设备供应商带来了前所未有的压力,需要完善技术以最小化这种高难度开采的成本,并且确保每一块被开采土地的充分恢复。这就迫使他们完善技术,并由此维持在国际市场中的优势地位(同上,pp.89~90)"。

波特也认为**较早的**国内需求是重要的:"考虑预测其他国家的顾客需求的情况,较早出现的对产品或服务的国内需求有助于当地企业尽快在这一行业中站稳脚跟,从而领先于国外的竞争对手。他们可以在建设大规模生产设施和积累经验上取得优势……只有当国内需求同国际需求一样能够预测时,国内需求才能带来好处。"(同上,p.95)

从我的观点看,波特说明的正是一个国家的国内领先用户对国家竞争优势的价值。不过,他也假设是**制造商**为应对领先的或苛刻的需求而创新。基于本书中提出的发现,我将修正这个假设,要注意通常是与**创新的领先用户**有联系的国内制造商对他所描述的国家竞争优势有影响——但是,这些领先用户对所喜爱的国内公司的投入包括了创新和需求。

波特认为,**国内的**领先用户对国家竞争优势有重要意义,因为"与国外公司相比,由于接近程度以及语言、制度、文化共鸣,本土的公司在服务国内市场方面有天然的优势(即使通常国外公司聘用了本土的员工）"。波特接着认为："更愿意接近国内顾客成为本土公司投资的激励因素。国内的需求被认为更明确，更容易预测；而国外的需求，即使有些公司相信他们有能力满足这种需求，也看起来似乎不太确定（同上，p.93）。"

本书可以为国际竞争优势分析提供什么新见解和研究问题？一方面，我在领先用户创新的一些研究中，确实见到了波特所描述的模式。例如，在美国半导体业历史的早期，晶体管的发明者和早期的创新者，美国电话电报公司（AT＆T），作为一个用户公司，开发了许多新型的生产设备。AT＆T公司的工程师经常到当地的机械企业，要求他们大量生产公司内部生产所需要的设备。这种采购策略的副作用是，使得这些原先平平常常的公司获得了为全球生产领先的半导体设备的业务（von Hippel，1977；1988）。

另一方面，本书的发现认为，波特提出的国内制造商在满足本地领先用户方面所拥有的"天然优势"在互联网时代可能会被削弱。正如在开源软件以及延伸开去的其他信息产品的案例中所看到的，用户在并不具备地理接近性的情况下，也可以同时开发复杂的产品。例如，在具体的开源项目的参与者中，有许多是来自不同的国家，从来没有面对面的接触过。在实物产品的例子中，随着"代工厂"风格的生产之后出现的基于用户设计的模式，也可以降低创新领先用户和制造商之间相互接近的重要性。如在本书中讨论过的集成电路和风筝冲浪的例子，用户可以将CAD产品设计信息文件从任何一个地点发送给任何合适的制造商进行生产。在互联网时代，可能只有在那些产品和生产方式之间的交互过程尚不清楚的实物产品的开发过程中,地理位置会仍然非常重要。国家可以为国内制造商从领先用户创新中获利创造相对的优势;但是他们不能假设这种优势不会仅仅因为地理优势而持续存在。

技术社团的社会学分析

这个领域的相关内容包括对技术的社会学总体分析和对开源软件社团的社会学具体分析。技术演化的历史记录通常认为技术演化是线性的。从线性角度看,技术,如空气动力学及其相关的诸如飞机之类的技术产品,起始于 A 点,然后自然地演化到终点 B。换言之,它暗含着这样的假设:飞机是从莱特(Wright)兄弟用木头、纺织品、绳索发明的飞机演化到我们现在看到的飞机的;不需要再多作什么解释。

在技术演化社会建构(SCOT)模型中(Pinch & Bijker, 1987),人工制品(如产品)的演化方向在很大程度上依赖于不同的"有问题的群体"对这种产品目标的建构,而这些目标反过来会影响到,在产品的许多种可能的变种中,哪一个可能被开发、它们如何演化、它们最终何时以及如何走向消亡? 构造产品目标的群体当然包括产品用户,但不局限于产品用户。例如,在自行车的例子中,一些相关群体是不同类型的用户——希望从一个地方到另一个地方骑自行车旅游的人们、希望参加自行车比赛的人们等;而相关的非用户群体包括

"反自行车者"，他们在自行车产生的早期对它有负面的看法，巴不得它失败（Bijker，1995）。

当人们将所有相关的群体都考虑进去之后，对技术的"社会建构"演化就会有比较充分的了解。考虑一个相对较近的例子——美国在20世纪70年代筹划研制的超音速运输机（SST）。这里，航空公司和潜在的乘客是"有问题的群体"，可以假定他们出于不同的理由希望实现这种技术。其他相关的"有问题的群体"包括预计SST带来的音爆会有负面影响的人们、顾虑它的引擎会污染平流层的人们，以及由于其他理由反对和支持SST的人们。设计方案想要满足不同利益群体的不同主张。最后，事实变得很清楚，SST设计者们无法得到一个能够被普遍接受的折中解决方案，因此项目失败了（Horwich，1982）。

品奇和克莱（Pinch & Kline，1996，pp.774~775）对初始的SCOT模型作了详细阐述，指出对产品的诠释并不局限于技术的设计阶段，在产品使用期间仍然继续。他们以汽车为例作了说明：

……虽然（汽车）制造商可能将产品的某个具体用途归因于他们无法控制产品交到用户手中后产品的使用方式。但用户正因为其用户的身份而为技术添加了新的用途。这导致了汽车在乡村的应用。早在1903年，农场家庭就开始将汽车不仅定义为运输工具，还将它视为动力的来源。堪萨斯州（Kansas）的一个农场主，乔治·施密特（George Schmidt），1903年建议《乡村纽约客》的读者"垫高后轮轴,将一根皮带绕过汽车的一个轮胎,然后绕到玉米脱粒机、研磨机、锯床、泵和其他引擎可以运转的机器的飞轮上,就可以看到农民是如何省钱的,并以城里人的方式过日子"。伊利诺伊州(Illinois)的一个农场工人,珀汀格(T.A. Pottinger)1909 年在《华莱士农场主》中写道:"理想的农场汽车应该有可拆卸的后座,这样可以将它变成一辆小型货车。"

当然,用户创新和改良随着对产品用途的重新诠释也出现在这些案例中。克莱和品奇报告,制造商采纳了一些农场用户开发的创新,不过普遍有些滞后。例如,能作为小型货车的小汽车最后也作为一个商业产品出现了。

对实践社团的研究提出了另一种领先用户研究和社会学研究之间的联系(Brown & Duguid, 1991;Wenger, 1998)。这方面的研究关注专业社团的功能。研究者发现,这个领域的专家自发形成了群体,来沟通交换他们的观点,学习如何实施和改善他们在专业领域的实践活动。这种实践团体以非正式的方式互相帮助,看来与前面所描述的开源软件项目和体育创新者社团的特征相似。

品牌社团的研究也是另外一个相关的研究方向(Muniiz & O'Guinn,2001)。品牌社团围绕着商业品牌和产品(如垒高拼装玩具)形成,甚至围绕着已经被制造商终止的产品[如苹果公司的牛顿(Newton)个人数字助理产品]形成。品牌社团对参与者可能非常有意义,并且可能会产生用户创新。例如,牛顿社团的用户开发了产品

的新用途,交换如何修复这种已经老化的设备的信息(Muniz &
Schau,2004)。在垒高社团,领先用户开发了许多新产品、新的拼装
技术,以及后来引起制造商兴趣的新的脱机或在线的多人拼装项目
(Antorini,2005)。

管理产品开发

最后,我们研究以用户为中心的创新和传授产品开发管理知识
之间的关系。领先用户作为新产品创意源泉的观点现在已经出现在
大多数市场营销教材中。同时在产品开发管理文献中也应该包含以
用户为中心的创新过程的其他元素——但事实上目前仍然很少。虽
然本书中所引证的有关用户创新的许多研究目前在一些管理和商业
经济学院中正在继续深入,但这些信息很少被用于与产品开发流程
相关的课程教学实践中。

显然,不管是对用户公司还是制造商公司来说,更好地了解以用
户为中心的创新对管理者是有益的。这里有一个奇怪的现象,即使
是那些基于用户开发的创新生产了重大产品系列的公司的管理者,
也仍然会持一种制造商中心的观点——"是**我们**开发了那些产品"。
例如,早先的一项关于科学仪器的研究表明,将近80%的仪器设备制
造商有关商业化产品的重大进步都是由用户开发的(von Hippel,
1976)。当我后来与仪器设备公司的管理人员探讨这个发现时,他们

中的大部分都非常震惊,他们坚持研究样本中的所有创新都是在制造商公司中开发的。只有当看到记录了科学家用户描述这些仪器的用户制作原型的实际出版物时,他们才相信——这些原型比公司所销售的任何一个具有相同功能的商业产品都要早5~7年。

我探究了为什么这个领域和其他领域的管理者会有这种与事实相违背的信念——而且大部分管理者目前还坚持这样的信念,得到了几个原因。首先,制造商很少会去追踪重要新产品和产品改良的真正源头在哪里。管理者看不到建立这样一个跟踪系统的必要性,因为习惯性的观点是非常清楚的:"每一个人都知道新产品都是由像我们这样的制造商通过市场调研了解用户需求后开发的。"而且,制造商公司确实有市场调研和产品开发部门,创新也以某种形式被开发着,所以,很容易得出结论:制造商的创新过程确实如期望的那样发挥着作用。

然而,事实上,具有新功能的重要创新通常是通过非正式的渠道进入制造商公司的。产品开发工程师可能会参加研讨会并了解了重要的用户创新,销售人员和技术服务人员可能通过现场访问发现用户改良过的产品等。一旦已经拥有基础的创新信息,用户原型的运行原理经常会得到采用,但会改变和完善有关设备产品的详细设计以便进行生产。不久,用户的原型,如果还被记得,相比由公司工程师设计得更完善的产品,就显得相当粗糙了。最后,当销售开始时,公司的广告会告诉顾客购买"**我们**的无与伦比的新产品"。

这样最后的结果是可以理解的:许多新的商业产品的用户基

础——从来没有在制造商公司内被广泛了解——被遗忘了。当开始
开发下一代创新时，管理者会再次采用这种"上次做得很好"的方法。
于是，关于用户创新的新信息会再次以未被注意到，也因此未被纳入
管理的途径而获得——同时伴随着的是不必要的滞后。

为了改善开发过程，管理者必须清楚什么时候采用以用户为中
心的创新流程，什么时候采用制造商创新的流程是合适的；并且在选
择以用户为中心的创新时知道如何才能最有效地管理以用户为中心
的创新。公司用户和制造商公司的管理者们需要工具来帮助他们分
析所面对的自己创新或者外购的决策——了解哪些产品需求和服务
需求需要用户（而不是制造商）对开发进行投资以加以解决。用户公
司的管理者们也需要分析在他们的低成本创新利基中如何能够最有
效地实施他们的开发工作——如何可以最有效地利用他们作为一个
实际用户处于低成本的干中学的环境中所拥有的信息优势。制造商
公司的管理者想要了解的则是当以用户为中心的创新模式在公司的
市场起作用时，公司如何最有效地从中获利。

创新用户可能也想要研究他们是否成为制造商以及如何通过成
为制造商来扩散他们的创新。在有些领域，这种情况相当平常。沙
（Shah，2000）发现，运动器材用户有时会以一种非常自然的方式成为
制造商。在一些公开的体育活动中，用户会展示他们在这些活动中
所使用的创新的功效和价值，于是有些参加者就会问"你可以为我也
做一个吗？"于是非正式的业余爱好水平的生产有时会成为大公司的
基础。勒蒂、赫斯塔特和杰姆顿（Lettl，Herstatt & Gemunden，2004）报

告了外科器械领域中用户创新深深介入重大创新商业化案例的历史,发现这些创新通常是由外科医生开发的,他们随后花费很大的精力劝说制造商商业化这些创新。海纳斯(Hienerth,2004)曾记录,"竞技皮艇"的用户创新者制作自己的皮艇,发现皮艇制造商并不愿意生产他们想要的皮艇(即使是那些由前一代用户创新者发展起来的制造商),所以被迫自己成为制造商。

不管是用户公司还是制造商公司,管理者必须清楚并没有唯一"正确"的创新轨迹。创新的轨迹根据市场和信息条件的变化在用户公司和制造商公司之间变动,而这些条件在产品生命周期之内可能会被很好地预测到。厄特巴克和艾伯纳西(Utterback & Abernathy,1975)认为在整个周期的早期,用户的创新比较重要。新产品生命周期的早期是一个"流动"的阶段,并不清楚产品的特征和用途。在这个阶段,厄特巴克和艾伯纳西认为,用户在挑选所需的产品中起了很大的作用,这种作用部分是通过创新来实现的。随后,主导产品设计出现了——这是对一个具体的产品是什么、它应该包括什么特征和组件,以及如何发挥功能的共识(例如,我们所有人都知道小汽车有四个轮子、在地面上行驶、通过方向盘控制方向)。到这个时候,如果产品的市场继续成长,创新将从产品转向工艺,公司从考虑要生产什么这个问题转向如何以更大的规模生产已充分理解的产品。当然,从领先用户创新的角度看,用户可以开发具有新功能的产品和具有新功能的工艺——在第一种情况下,用户是指产品的用户;在第二种情况下,用户是指使用工艺的制造公司。

结　　论

在本书中,我分析了用户——个体的、公司的和社团的——如何以及为什么开发和无偿公开创新;同时阐述了随着计算机和通信技术越来越完善、越来越低成本地稳步发展,开放的、分散的创新过程越来越普遍;其最终结果是向创新民主化的方向发展。这种可以增加福利的转变迫使用户和制造商的创新实践产生重大变革,同时也需要国家政策变革的支持。正如我一开始提到的,它也对我们所有人展示了一个重大的新机遇。

参考文献

Achilladelis, B., A. B. Robertson, and P. Jervis. 1971. *Project SAPPHO*. Centre for the Study of Industrial Innovation, London.

Aghion, P., and J. Tirole. 1994. "The Management of Innovation." *Quarterly Journal of Economics* 109: 1185 - 1209.

Allen, R. C. 1983. "Collective Invention." *Journal of Economic Behavior and Organization* 4, no. 1: 1 - 24.

Allen, T. J. 1966. "Studies of the Problem-Solving Process in Engineering Design." *IEEE Transactions on Engineering Management* 13, no. 2: 72 - 83.

Amabile, T. M. 1996. *Creativity in Context*. Westview.

Antelman, Kristin. 2004. "Do Open Access Articles Have a Greater Research Impact?" *College and Research Libraries* 65, no. 5: 372 - 382.

Antorini, Y. M. 2005. The Making of a Lead User. Working paper, Copenhagen Business School.

Armstrong, J. S., ed. 2001. *Principles of Forecasting*. Kluwer.

Arora, A., A. Fosfuri, and A. Gambardella. 2001. *Markets for Technology*. MIT Press.

Arora, A., and A. Gambardella. 1994. "The Changing Technology of Technological Change." *Research Policy* 23, no. 5: 523 – 532.

Arrow, K. 1962. "Economic Welfare and the Allocation of Resources for Inventions." In R. R. Nelson, ed., *The Rate and Direction of Inventive Activity*. Princeton University Press.

Arundel, A. 2001. "The Relative Effectiveness of Patents and Secrecy for Appropriation." *Research Policy* 30, no. 4: 611 – 624.

Balachandra, R., and J. H. Friar. 1997. "Factors for Success in R&D Projects and New Product Introduction: A Contextual Framework." *IEEE Transactions on Engineering Management* 44, no. 3: 276 – 287.

Baldwin, C. Y., and K. B. Clark. 2003. Does Code Architecture Mitigate Free Riding in the Open Source Development Model? Working paper, Harvard Business School.

Barnes, B., and D. Ulin. 1984. "Liability for New Products." *AWWA Journal*, February: 44 – 47.

Baron, J. 1988. *Thinking and Deciding*. Cambridge University Press.

Behlendorf, B. 1999. "Open Source as a Business Strategy." In C. Dibona, S. Ockman, and M. Stone, eds., *Open Sources*. O'Reilly.

Benkler, Y. 2002. "Intellectual Property and the Organization of Information Production." *International Review of Law and Economics* 22, no. 1: 81 – 107.

Bessen, J. 2003. Patent Thickets. Working paper, Research on

Innovation and Boston University School of Law.

Bessen, J. 2004. Open Source Software. Working paper, Research on Innovation.

Bessen, J., and R. M. Hunt. 2004. An Empirical Look at Software Patents. Working paper, Federal Reserve Bank of Philadelphia.

Bijker, Wiebe. 1995. *Of Bicycles, Bakelites and Bulbs.* MIT Press.

Boldrin, M., and D. Levine. 2002. "The Case against Intellectual Property." *AEA Papers and Proceedings*, May: 209 – 212.

Bresnahan, T. F., and S. Greenstein. 1996a. "Technical Progress and Co-Invention in Computing and in the Uses of Computers." *Brookings Papers on Economic Activity. Microeconomics* 1996: 1 – 77.

Bresnahan, T. F., and S. Greenstein. 1996b. "The Competitive Crash in Large-Scale Commercial Computing." In R. Landau, T. Taylor, and G. Wright, eds., *The Mosaic of Economic Growth.* Stanford University Press.

Bresnahan, T. F., and G. Saloner. 1997. "'Large Firms' Demand for Computer Products and Services: Market Models, Inertia, and Enabling Strategic Change." In D. B. Yoffie, ed., *Competing in the Age of Digital Convergence.* Harvard Business School Press.

Brooks, P. F., Jr. 1979. *The Mythical Man-Month.* Addison-Wesley.

Brown, J. S., and P. Duguid. 1991. "Organizational Learning and

Communities-of-Practice: Toward a Unified View of Working, Learning, and Innovation." *Organization Science* 2, no. 1: 40 - 57.

Brown, T. C., P. A. Champ, R. C. Bishop, and D. W. McCollum. 1996. "Which Response Format Reveals the Truth about Donations to a Public Good." *Land Economics* 72, no. 2: 152 - 166.

Buenstorf, G. 2002. "Designing Clunkers: Demand-Side Innovation and the Early History of Mountain Bike." In J. S. Metcalfe and U. Cantner, eds., *Change, Transformation and Development.* Physica.

Chamberlin, E. H. 1950. "Product Heterogeneity and Public Policy." *American Economic* Review 40, no. 2: 85 - 92.

Christensen, C. M. 1997. *The Innovator's Dilemma.* Harvard Business School Press.

Cohen, W. M., A. Goto, A. Nagata, R. R. Nelson, and J. P. Walsh. 2002. "R&D Spillovers, Patents and the Incentives to Innovate in Japan and the United States." *Research Policy* 31 (8 - 9): 1349 - 1367.

Cohen, W. M., and D. A. Levinthal. 1990. "The Implications of Spillovers for R& D Investment and Welfare: A New Perspective." *Administrative Science Quarterly* 35: 128 - 152.

Cohen, W. M., R. R. Nelson, and J. P. Walsh. 2000. Protecting Their Intellectual Assets. Working paper, National Bureau of Economic Research.

Coller, M., and T. L. Yohn. 1998. "Management Forecasts: What Do We Know?" *Financial Analysts Journal* 54, no. 1: 58 − 62.

Connell, J. L., and L. B. Shafer. 1989. *Structured Rapid Prototyping*. Prentice-Hall.

Conner, K. R., and C. K. Prahalad. 1996. "A Resource-Based Theory of the Firm: Knowledge versus Opportunism." *Organization Science* 7, no. 5: 477 − 501.

Cook, T. D., and D. T. Campbell. 1979. *Quasi-Experimentation*. Houghton Mifflin.

Csikszentmihalyi, M. 1975. *Beyond Boredom and Anxiety*. Jossey-Bass.

Csikszentmihalyi, M. 1990. *Flow*. Harper and Row.

Csikszentmihalyi, M. 1996. *Creativity*. HarperCollins.

Dam, K. W. 1995. "Some Economic Considerations in the Intellectual Property Protection of Software." *Journal of Legal Studies* 24, no. 2: 321 − 377.

Danneels, Erwin. 2004. "Disruptive Technology Reconsidered: A Critique and Research Agenda." *Journal of Product Innovation Management* 21: 246 − 258.

Dasgupta , P., and P. A. David. 1994. "Toward a New Economics of Science." *Policy Research* 23: 487 − 521.

David, P. A. 1992. "Knowledge, Property, and the System

Dynamics of Technological Change." *Proceedings of the World Bank Annual Conference on Development Economics* 1992: 215 - 247.

David, P. A. 1998. Knowledge Spillovers, Technology Transfers, and the Economic Rationale for Public Support of Exploratory Research in Science. Background paper for European Committee for Future Accelerators.

de Fraja, G. 1993. " Strategic Spillovers in Patent Races." *International Journal of Industrial Organization* 11 , no. 1: 139 - 146.

Dellarocas, C., N. F. Awad, and X. (M.) Zhang. 2004. Exploring the Value of Online Reviews to Organizations. Working paper, MIT Sloan School of Management.

Duke, R. 1988. *Local Building Codes and the Use of Cost-Saving Methods.* US Federal Trade Commission, Bureau of Economics.

Efron, B. 1979. " Bootstrap Methods: Another Look at the Jackknife." *Annals of Statistics* 7: 1 - 26.

Ehrenkrantz Group. 1979. *A Study of Existing Processes for the Introduction of New Products and Technology in the Building Industry.* US Institute of Building Sciences.

Elrod, T., and A. P. Kelman. 1987. Reliability of New Product Evaluation as of 1968 and 1981. Working paper, Owen Graduate School of Management, Vanderbilt University.

Enos, J. L. 1962. *Petroleum Progress and Profits.* MIT Press.

Fleming, L. 2001. "Recombinant Uncertainty in Technological Search." *Management Science* 47, no. 1: 117 – 132.

Foray, D. 2004. *Economics of Knowledge.* MIT Press.

Franke, N., and H. Reisinger. 2003. Remaining within Cluster Variance. Working paper, Vienna Business University.

Franke, N., and S. Shah. 2003. "How Communities Support Innovative Activities: An Exploration of Assistance and Sharing Among End-Users." *Research Policy* 32, no. 1: 157 – 178.

Franke, N., and E. von Hippel. 2003a. Finding Commercially Attractive User Innovations. Working paper, MIT Sloan School of Management.

Franke, N., and E. von Hippel. 2003b. "Satisfying Heterogeneous User Needs via Innovation Toolkits: The Case of Apache Security Software." *Research Policy* 32, no. 7: 1199 – 1215.

Freeman, C. 1968. "Chemical Process Plant: Innovation and the World Market." *National Institute Economic Review* 45, August: 29 – 57.

Friedman, D., and D. McAdam. 1992. "Collective Identity and Activism: Networks, Choices, and the Life of a Social Movement." In A. D. Morris and C. McClurg, eds., *Frontiers in Social Movement Theory.* Yale University Press.

Gallini, N., and S. Scotchmer. 2002. "Intellectual Property: When

Is It the Best Incentive System?" In A. Jaffe, J. Lerner, and S. Stern, eds., *Innovation Policy and the Economy*, volume 2. MIT Press.

Green, P. E. 1971. "A New Approach to Market Segmentation." *Business Horizons* 20, February: 61 – 73.

Green, P. E., and C. M. Schaffer. 1998. "Cluster-Based Market Segmentation: Some Further Comparisons of Alternative Approaches." *Journal of the Market Research Society* 40, no. 2: 155 – 163.

Hall, B. H., and R. Ham Ziedonis. 2001. "The Patent Paradox Revisited: An Empirical Study of Patenting in the US Semiconductor Industry, 1979 – 1995." RAND Journal of Economics 32, no. 1: 101 – 128.

Hall, B. H., and D. Harhoff. 2004. "Post-Grant Reviews in the US Patent System: Design Choices and Expected Impact." *Berkeley Law Technology Journal*, in press.

Harhoff, D. 1996. "Strategic Spillovers and Incentives for Research and Development." *Management Science* 42, no. 6: 907 – 925.

Harhoff, D., J. Henkel, and E. von Hippel. 2003. "Profiting from Voluntary Information Spillovers: How Users Benefit by Freely Revealing Their Innovations." *Research Policy* 32, no. 10: 1753 – 1769.

Hecker, F. 1999. "Setting Up Shop: The Business of Open Source Software." *IEEE Software* 16, no. 1: 45 – 51.

Heller, M. A. 1998. "The Tragedy of the Anticommons: Property in the Transition from Marx to Markets." *Harvard Law Review* 111: 621 − 688.

Heller, M. A., and R. S. Eisenberg. 1998. "Can Patents Deter Innovation? The Anticommons in Biomedical Research." *Science Magazine* 280 (5364): 698 − 701.

Henkel, J. 2003. "Software Development in Embedded Linux: Informal Collaboration of Competing Firms." In W. Uhr, W. Esswein, and E. Schoop, eds., *Proceedings der* 6. *Internationalen Tagung* Wirtschaftsinformatik 2003, volume 2. Physica.

Henkel, J. 2004a. The Jukebox Mode of Innovation. Discussion paper, CEPR.

Henkel, J. 2004b. Patterns of Free Revealing. Working paper, University of Munich.

Henkel, J., and S. Thies. 2003. "Customization and Innovation: User Innovation Toolkits for Simulator Software." In Proceedings of the 2003 Congress on Mass Customization and Personalization (MCPC 2003), Munich.

Henkel, J., and E. von Hippel. 2005. "Welfare Implications of User Innovation." *Journal of Technology Transfer* 30, no. 1/2: 73 − 87.

Herstatt, C., and E. von Hippel. 1992. "From Experience: Developing New Product Concepts via the Lead User Method." *Journal of Product Innovation Management* 9, no. 3: 213 − 222.

Hertel, G., S. Niedner, and S. Herrmann. 2003. "Motivation of Software Developers in Open Source Projects: An Internet-Based Survey of Contributors to the Linux Kernel." *Research Policy* 32, no. 7: 1159 - 1177.

Hienerth, C. 2004. "The Commercialization of User Innovations: Sixteen Cases in an Extreme Sporting Industry." In Proceedings of the 26th R&D Management Conference, Sesimbra, Portugal.

Hirschleifer, J. 1971. "The Private and Social Value of Information and the Reward to Inventive Activity." *American Economic Review* 61 , no. 4: 561 - 574.

Hollander, S. 1965. *The Sources of Increased Efficiency*. MIT Press.

Horwich, M. 1982. *Clipped Wings*. MIT Press.

Hunt, R. M., and J. Bessen. 2004. " The Software Patent Experiment." *Business Review, Federal Reserve Bank of Philadelphia* Q3: 22 - 32.

Jensen, M. C., and W. H. Meckling. 1976. "Theory of the Firm: Managerial Behavior, Agency Costs, and Ownership Structure." *Journal of Financial Economics* 3, no. 4: 305 - 360.

Jeppesen, L. B. 2004. Profiting from Innovative User Communities. Working paper, Department of Industrial Economics and Strategy, Copenhagen Business School.

Jeppesen, L. B. 2005. "User Toolkits for Innovation: Users Support Each Other." *Journal of Product Innovation Management*, forthcoming.

Jeppesen, L. B., and M. J. Molin. 2003. "Consumers as Co-developers: Learning and Innovation Outside the Firm." *Technology Analysis and Strategic Management* 15, no. 3: 363 – 384.

Jokisch, M. 2001. Open Source Software-Entwicklung: Eine Analyse des Geschä ftsmodells der STATA Corp. Master's thesis, University of Munich.

Ketchen, D. J., Jr., and C. L. Shook. 1996. "The Application of Cluster Analysis in Strategic Management Research: An Analysis and Critique." *Strategic Management Journal* 17, no. 6: 441 – 459.

Knight, K. E. 1963. A Study of Technological Innovation: The Evolution of Digital Computers. PhD dissertation, Carnegie Institute of Technology.

Kollock, P. 1999. "The Economies of Online Cooperation: Gifts and Public Goods in Cyberspace." In M. A. Smith and P. Kollock, eds., *Communities in Cyberspace*. Routledge.

Kotabe, M. 1995. "The Return of 7-Eleven. . . from Japan: The Vanguard Program." *Columbia Journal of World Business* 30, no. 4: 70 – 81.

Kristensen, P. S. 1992. "Flying Prototypes: Production

Departments' Direct Interaction with External Customers." *International Journal of Operations and Production Management* 12, no. 2: 195 – 211.

Lakhani, K. 2005. Distributed Coordination Practices in Free and Open Source Communities. PhD thesis, Massachusetts Institute of Technology.

Lakhani, K. R., and E. von Hippel. 2003. "How Open Source Software Works: 'Free' User-to-User Assistance." *Research Policy* 32, no. 6: 923 – 943.

Lakhani, K. R., and B. Wolf. 2005. "Why Hackers Do What They Do: Understanding Motivation and Effort in Free/Open Source Software Projects." In J. Feller, B. Fitzgerald, S. Hissam, and K. R. Lakhani, eds., *Perspectives on Free and Open Source Software*. MIT Press.

Lerner, J., and J. Tirole. 2002. "Some Simple Economics of Open Source." *Journal of Industrial Economics* 50, no. 2: 197 – 234.

Lessig, L. 2001. *The Future of Ideas*. Random House.

Lettl, C., C. Herstatt and H. Gemünden. 2004. The Entrepreneurial Role of Innovative Users. Working paper, Technical University, Berlin.

Levin, R. C., A. Klevorick, R. R. Nelson, and S. G. Winter. 1987. "Appropriating the Returns from Industrial Research and Development." *Brookings Papers on Economic Activity* 3: 783 – 820.

Levy, S. 1984. *Hackers*. Doubleday.

Lilien, G. L., P. D. Morrison, K. Searls, M. Sonnack, and E.

von Hippel. 2002. "Performance Assessment of the Lead User Idea-Generation Process for New Product Development." *Management Science* 48, no. 8: 1042 - 1059.

Lim, K. 2000. The Many Faces of Absorptive Capacity. Working paper, MIT Sloan School of Management.

Lindsey, G., and G. Knaap. 1999. "Willingness to Pay for Urban Greenway Projects." *Journal of the American Planning Association* 65, no. 3: 297 - 313.

Loomis, J., T. Brown, B. Lucero, and G. Peterson. 1996. "Improving Validity Experiments of Contingent Valuation Methods: Results of Efforts to Reduce the Disparity of Hypothetical and Actual Willingness to Pay." *Land Economics* 72, no. 4: 450 - 461.

Lüthje, C. 2003. "Customers as Co-Inventors: An Empirical Analysis of the Antecedents of Customer-Driven Innovations in the Field of Medical Equipment." In Proceedings of the 32th EMAC Conference, Glasgow.

Lüthje, C. 2004. "Characteristics of Innovating Users in a Consumer Goods Field: An Empirical Study of Sport-Related Product Consumers." *Technovation* 24, no. 9: 683 - 695.

Lüthje, C., C. Herstatt, and E. von Hippel. 2002. The Dominant Role of Local Information in User Innovation: The Case of Mountain Biking. Working Paper, MIT Sloan School of Management.

Machlup, F. 1962. *Knowledge Production and Distribution in the United States*. Princeton University Press.

Mansfield, E. 1968. *Industrial Research and Technological Innovation*. Norton.

Mansfield, E. 1985. "How Rapidly Does New Industrial Technology Leak Out?" *Journal of Industrial Economics* 34: 217 – 223.

Mansfield, E., J. Rapoport, A. Romeo, S. Wagner and G. Beardsley. 1977. "Social and Private Rates of Return from Industrial Innovations." *Quarterly Journal of Economics* 91, no. 2: 221 – 240.

Mansfield, E., A. Romeo, M. Schwartz, D. Teece, S. Wagner and P. Brach. 1982. *Technology Transfer, Productivity, and Economic Policy*. Norton.

Mansfield, E., and S. Wagner. 1975. "Organizational and Strategic Factors Associated With Probabilities of Success in Industrial R&D." *Journal of Business* 48, no. 2: 179 – 198.

Marples, D. L. 1961. "The Decisions of Engineering Design." *IRE Transactions on Engineering Management*, June: 55 – 71.

Martin, J. 1991. *Rapid Application Development*. Macmillan.

Matthews, J. 1985. *Public Access to Online Catalogs*, second edition. Neal-Schuman.

Maurer, S. 2005. "Inside the Anticommons: Academic Scientists' Struggle to Commercialize Human Mutations Data, 1999 – 2001."

Research Policy, forthcoming.

Mead, C., and L. Conway. 1980. *Introduction to VLSI Systems.* Addison-Wesley.

Means, R. S. 1989. *Building Construction Cost Data* 1989. R. S. Means.

Merges, R., and R. R. Nelson. 1990. "On the Complex Economics of Patent Scope." *Columbia Law Review* 90: 839 – 916.

Merton, R. K. 1973. *The Sociology of Science.* University of Chicago Press.

Meyer, M. H., and L. Lopez. 1995. "Technology Strategy in a Software Products Company." *Journal of Product Innovation Management* 12, no. 4: 194 – 306.

Milligan, G. W., and M. C. Cooper. 1985. "An Examination of Procedures for Determining the Number of Clusters in a Data Set." *Psychometrica* 45: 159 – 179.

Mishina, K. 1989. Essays on Technological Evolution. PhD thesis, Harvard University.

Mitchell, R. C., and R. T. Carson. 1989. *Using Surveys to Value Public Goods.* Resources for the Future.

Moerke, K. A. 2000. "Free Speech to a Machine." *Minnesota Law Review* 84, no. 4: 1007 – 1008.

Mollick, E. 2004. Innovations from the Underground: Towards a

Theory of Parasitic Innovation. Master's thesis, Massachusetts Institute of Technology.

Mountain Bike. 1996. *Mountain Biking Skills*. Rodale.

Morrison, P. D., J. H. Roberts, and D. F. Midgley. 2004. "The Nature of Lead Users and Measurement of Leading Edge Status." *Research Policy* 33, no. 2: 351 – 362.

Morrison, P. D., J. H. Roberts, and E. von Hippel. 2000. "Determinants of User Innovation and Innovation Sharing in a Local Market." *Management Science* 46, no. 12: 1513 – 1527.

Mu ~ iz, A. M., Jr., and T. C. O'Guinn. 2001. " Brand Community." *Journal of Consumer Research* 27: 412 – 432.

Mu~iz, A. M., Jr., and H. J. Schau. 2004. When the Consumer Becomes the Marketer. Working paper, DePaul University.

Myers, J. H. 1996. *Segmentation and Positioning for Strategic Marketing Decisions*. American Marketing Association. National Sporting Goods Association. 2002. *Sporting Goods Market in* 2001.

Neil, H., R. Cummings, P. Ganderton, G. Harrison, and G. McGuckin. 1994. " Hypothetical Surveys and Real Economic Commitments." *Land Economics* 70: 145 – 154.

Nelson, R. R. 1982. "The Role of Knowledge in R&D Efficiency." *Quarterly Journal of Economics* 97, no. 3: 453 – 470.

Nelson, R. R. 1990. What Is Public and What Is Private About

Technology? Working paper, Consortium on Competitiveness and Cooperation, University of California, Berkeley.

Nelson, R. R. 1993. *National Innovation Systems: A Comparative Analysis*. Oxford University Press.

Nuvolari, A. 2004. " Collective Invention during the British Industrial Revolution: The Case of the Cornish Pumping Engine." *Cambridge Journal of Economics* 28, no. 3: 347 - 363.

Ogawa, S. 1998. "Does Sticky Information Affect the Locus of Innovation? Evidence from the Japanese Convenience-Store Industry." *Research Policy* 26, no. 7 - 8: 777 - 790.

Oliver, P. E. 1980. " Rewards and Punishment as Selective Incentives for Collective Action: Theoretical Investigations." *American Journal of Sociology* 85: 1356 - 1375.

Oliver, P. E., and G. Marwell. 1988. "The Paradox of Group Size in Collective Action: A Theory of the Critical Mass II." *American Sociological Review* 53, no. 1: 1 - 18.

Olson, E. L., and G. Bakke. 2001. "Implementing the Lead User Method in a High Technology Firm: A Longitudinal Study of Intentions versus Actions." *Journal of Product Innovation Management* 18, no. 2: 388 - 395.

Olson, M. 1967. *The Logic of Collective Action*. Harvard University Press.

O'Mahony, S. 2003. "Guarding the Commons: How Open Source Contributors Protect Their Work." *Research Policy* 32, no. 7: 1179 – 1198.

Ostrom, E. 1998. "A Behavioral Approach to the Rational Choice Theory of Collective Action." *American Political Science Review* 92, no. 1: 1 – 22.

Pavitt, K. 1984. "Sectoral Patterns of Technical Change: Towards a Taxonomy and a Theory." *Research Policy* 13 (6): 343 – 373.

Penning, C. 1998. *Bike History*. Delius & Klasing.

Perens, B. 1999. "The Open Source Definition." In C. DiBona, S. Ockman, and M. Stone, eds., *Opensources*. O'Reilly.

Pinch, T., and R. Kline. 1996. "Users as Agents of Technological Change. The Social Construction of the Automobile in Rural America." *Technology and Culture* 37: 763 – 795.

Pinch, T. J., and W. E. Bijker. 1987. "The Social Construction of Facts and Artifacts." In W. Bijker, T. Hughes, and T. Pinch, eds., *The Social Construction of Technological Systems*. The MIT Press.

Pine, J. B. I. 1993. Mass *Customization*. Harvard Business School Press.

Polanyi, M. 1958. *Personal Knowledge*. University of Chicago Press.

Poolton, J., and I. Barclay. 1998. " New Product Development:

From Past Research to Future Applications." *Industrial Marketing Management* 27: 197 – 212.

Porter, M. E. 1991. *Competitive Advantage of Nations.* Free Press.

Prügl, R., and N. Franke. 2005. Factors Impacting the Success of Toolkits for User Innovation and Design. Working paper, Vienna University of Economics.

Punj, G., and D. W. Stewart. 1983. "Cluster Analysis in Marketing Research: Review and Suggestions for Application." *Journal of Marketing Research* 20, May: 134 – 148.

Raymond, E., ed. 1996. *The New Hacker's Dictionary*, third edition. MIT Press.

Raymond, E. 1999. *The Cathedral and the Bazaar.* O'Reilly.

Redmond, W. H. 1995. "An Ecological Perspective on New Product Failure: The Effects of Competitive Overcrowding." *Journal of Product Innovation Management* 12: 200 – 213.

Riggs, W., and E. von Hippel. 1994. "Incentives to Innovate and the Sources of Innovation: The Case of Scientific Instruments." *Research Policy* 23, no. 4: 459 – 469.

Rogers, E. M. 1994. *Diffusion of Innovation*, fourth edition. Free Press.

Rosenberg, N. 1976. *Perspectives on Technology.* Cambridge University Press.

Rosenberg, N. 1982. *Inside the Black Box*. Cambridge University Press.

Rothwell, R., C. Freeman, A. Horsley, V. T. P. Jervis, A. B. Roberts, and J. Townsend. 1974. "SAPPHO Updated: Project SAPPHO Phase II." *Research Policy* 3 , no. 3: 258 – 291.

Saloner, G., and W. E. Steinmueller. 1996. Demand for Computer Products and Services in Large European Organizations. Research paper, Stanford Graduate School of Business.

Sattler, H. 2003. "Appropriability of Product Innovations: An Empirical Analysis for Germany." *International Journal of Technology Management* 26, no. 5 – 6: S. 502 – 516.

Schmookler, J. 1966. *Invention and Economic Growth*. Harvard University Press.

Schrage, M. 2000. *Serious Play*. Harvard Business School Press.

Schreier, M., and N. Franke. 2004. Value Creation by Self-Design. Working paper, Vienna University of Economics.

Seip, K., and J. Strand. 1992. "Willingness to Pay for Environmental Goods in Norway: A Contingent Valuation Study with Real Payment." *Environmental and Resource Economics* 2: 91 – 106.

Shah, S. 2000. Sources and Patterns of Innovation in a Consumer Products Field. Working paper, MIT Sloan School of Management.

Shah, S., and M. Tripsas. 2004. When Do User-Innovators Start

Firms? Working paper, University of Illinois.

Shapiro, C. 2001. "Navigating the Patent Thicket: Cross Licenses, Patent Pools, and Standard Setting." In A. Jaffe, J. Lerner, and S. Stern, eds., *Innovation Policy and the Economy*, volume 1. MIT Press.

Simon, E. 1996. "Innovation and Intellectual Property Protection: The Software Industry Perspective." *Columbia Journal of World Business* 31, no. 1: 30 – 37.

Slater, Stanley F., and Narver, John C. 1998. "Customer-Led and Market-Oriented: Let's Not Confuse the Two." *Strategic Management Journal* 19, no. 1: 1001 – 1006.

Slaughter, S. 1993. " Innovation and Learning during Implementation: A Comparison of User and Manufacturer Innovations." *Research Policy* 22, no. 1: 81 – 95.

Smith, A. 1776. *An Inquiry into the Nature and Causes of the Wealth of Nations*. Modern Library edition. Random House, 1937.

Spence, M. 1976. "Product Differentiation and Welfare." *American Economic Review* 66, no. 2, Papers and Proceedings: 407 – 414.

Taylor, C. T., and Z. A. Silberston. 1973. *The Economic Impact of the Patent System*. Cambridge University Press.

Taylor, M., and S. Singleton. 1993. "The Communal Resource: Transaction Costs and the Solution of Collective Action Problems." *Politics and Society* 21, no. 2: 195 – 215.

Tedd, L. A. 1994. "OPACs through the Ages." *Library Review* 43, no. 4: 27 - 37.

Teece, D. J. 1977. "Technology Transfer by Multinational Firms: The Resource Cost of Transferring Technological Know-How." *Economic Journal* 87: 242 - 261.

Thomke, S. H. 1998. "Managing Experimentation in the Design of New Products." *Management Science* 44, no. 6: 743 - 762.

Thomke, S. H. 2003. *Experimentation Matters*. Harvard Business School Press.

Thomke, S. H., and E. von Hippel. 2002. "Customers as Innovators: A New Way to Create Value." *Harvard Business Review* 80, no. 4: 74 - 81.

Thomke, S. H., E. von Hippel, and R. Franke. 1998. "Modes of Experimentation: An Innovation Process-and Competitive-Variable." *Research Policy* 27, no. 3: 315 - 332.

Tirole, J. 1988. *The Theory of Industrial Organization*. MIT Press.

Tull, D. 1967. "The Relationship of Actual and Predicted Sales and Profits in New Product Introductions." *Journal of Business* 40: 233 - 250.

Tyre, M., and E. von Hippel. 1997. "Locating Adaptive Learning: The Situated Nature of Adaptive Learning in Organizations." *Organization Science* 8, no. 1: 71 - 83.

Urban, G. L., and E. von Hippel. 1988. "Lead User Analyses for

the Development of New Industrial Products." *Management Science* 34,
no. 5: 569 – 582.

Utterback, J. M., and W. J. Abernathy. 1975. "A Dynamic Model
of Process and Product Innovation." *Omega* 3, no. 6: 639 – 656.

van der Plas, R., and C. Kelly. 1998. *The Original Mountain Bike
Book.* MBI.

Varian, H. R. 2002. "New Chips Can Keep a Tight Rein on
Consumers."*New York Times*, July 4.

von Hippel, E. 1976. "The Dominant Role of Users in the Scientific
Instrument Innovation Process."*Research Policy* 5, no. 3: 212 – 239.

von Hippel, E. 1977. "Transferring Process Equipment Innovations
from User-Innovators to Equipment Manufacturing Firms." *R&D
Management* 8, no. 1: 13 – 22.

von Hippel, E. 1986. "Lead Users: A Source of Novel Product
Concepts."*Management Science* 32, no. 7: 791 – 805.

von Hippel, E. 1988. *The Sources of Innovation.* Oxford University
Press.

von Hippel, E. 1994. "Sticky Information and the Locus of
Problem Solving: Implications for Innovation."*Management Science* 40,
no. 4: 429 – 439.

von Hippel, E. 1998. "Economics of Product Development by
Users: The Impact of Sticky Local Information." *Management Science*

44, no. 5: 629 – 644.

von Hippel, E. 2001. "Perspective: User Toolkits for Innovation." *Journal of Product Innovation Management* 18: 247 – 257.

von Hippel, E., and S. N. Finkelstein. 1979. "Analysis of Innovation in Automated Clinical Chemistry Analyzers." *Science and Public Policy* 6, no. 1: 24 – 37.

von Hippel, E., N. Franke, and R. Prügl. 2005. Screening vs. Pyramiding. Working paper, MIT Sloan School of Management.

von Hippel, E., and R. Katz. 2002. "Shifting Innovation to Users via Toolkits." *Management Science* 48, no. 7: 821 – 833.

von Hippel, E., S. H. Thomke, and M. Sonnack. 1999. "Creating Breakthroughs at 3M." *Harvard Business Review* 77, no. 5: 47 – 57.

von Hippel, E., and M. Tyre. 1995. "How 'Learning by Doing' is Done: Problem Identification in Novel Process Equipment." *Research Policy* 24, no. 1: 1 – 12.

von Hippel, E., and G. von Krogh. 2003. "Open Source Software and the" Private-Collective "Innovation Model: Issues for Organization Science." *Oiganization Science* 14, no. 2: 209 – 223.

von Krogh, G., and S. Spaeth. 2002. Joining, Specialization, and Innovation in Open Source Software Development. Working paper, University of St. Gallen.

von Krogh, G., S. Haefliger and S. Spaeth. 2004. The Practice of

Knowledge Reuse in Open Source Software. Working paper, University of St. Gallen.

Wellman, B., J. Boase, and W. Chen. 2002. The Networked Nature of Community On and Off the Internet. Working paper, Centre for Urban and Community Studies, University of Toronto.

Wenger, E. 1998. *Communities of Practice*. Cambridge University Press.

Wayner, P. 2000. *Free for All*. Harper Business.

Weber, S. 2004. *The Success of Open Source*. Harvard University Press.

Willis, K. G., and N. A. Powe. 1998. "Contingent Valuation and Real Economic Commitments: A Private Good Experiment." *Journal of Environmental Planning and Management* 41, no. 5: 611 – 619.

Wind, Y. 1978. "Issues and Advances in Segmentation Research." *Journal of Marketing Research* 15, August: 317 – 337.

Winter, S. G., and G. Szulanski. 2001. "Replication as Strategy." *Organization Science* 12, no. 6: 730 – 743.

Young, G., K. G. Smith, and C. M. Grimm. 1996. "Austrian and Industrial Organization Perspectives on Firm Level Competitive Activity and Performance." *Organization Science* 7, no. 3: 243 – 254.

自主创新丛书
第一辑

《牛津创新手册》

作为学术界颇负盛名的牛津手册系列之一,《牛津创新手册》继承和发扬了这一手册系列的特点,为读者提供理解创新的综合性视角,是一部全面且权威的创新理论知识手册。

创新是一个多层面的现象,在快速发展的创新研究中,必然是各学科观点并存的。本书集几十年创新研究之大成,各章的作者都是所在研究领域的学术带头人,同时也是当今创新学界的权威,包括了经济学家、地理学家、历史学家、心理学家和社会学家。他们从各个角度对创新进行分析和定义,概括而全面地介绍了创新的研究成果,起到了正本清源的作用。

全书共 4 部分,包含 21 章经过精选的内容,每章聚焦于创新的某个特定方面,既有宏观的创新与经济增长、国家创新体系,又有中观的产业创新体系、区域创新体系,再到微观的创新网络、企业创新等,集中展示了创新领域多年来最优秀的学术成果。

《剑桥创造力手册》

本书共 22 章,深入浅出地呈现了关于人类创造力研究的高度复杂的思考和技术方法,包括个案分析、历史测量、心理测量、实验法等,涵盖了创造力研究领域广泛的要点和话题,研究面广、信息量大。创造力与智力有什么不同?我们如何才能测量一个人的创造力?在创造性思维中涉及哪些认知过程?一个创造性产品是如何产生的?什么样的经历会造就一个创造性的人?创造性个体具有什么特征?是什么在激励着具有创造性的人?创造力的生物和进化基础是什么?社会或文化情境是如何影响创造力的?创造力是少数精英的特权?还是每个人都可以有创造力?创造力是如何发展的?人们可以通过学习而变得更有创造性吗?这些就是本书所涉及的问题。本书可以帮助读者很好地了解创造力研究的观点、方法和主要的研究成果。

《创新的先知:熊彼特传》

本书由哈佛大学商业史学者、普利策奖得主托马斯·麦克劳主笔。熊彼特是 20 世纪享有盛誉的世界著名经济学家,他对企业家精神和创新的强调,对资本主义、社会主义和民主的分析,以及他对经济思想史的梳理,无不影响深远。在中小企业大发展、技术不断创新的今天,重读熊彼特更具有十分重要的现实意义。本书以熊彼特一生的经历为线索,以熊彼特所处的时代背景为基础,以熊彼特的心路历程为依托,以熊彼特的感情生活为点缀,以熊彼特的学术贡献为旨归,以熊彼特的工作情况为补充,向读者讲述了熊彼特的主要思想是什么、他是如何提出这些思想的、他提出这些思想的依据是什么这三方面的问题,全面真实地展现了熊彼特波澜壮阔、别开生面的一生。

《研发组织管理：用好天才团队》(第三版)

随着人类的经济活动从生产商品转向生产信息，研发组织的作用变得越来越重要。本书探讨了改善研发组织生产力和促进业绩的各种途径，对如何制定研发组织战略、如何建立高效的研究开发机构、如何进行针对科学家的职业设计、如何领导研发组织、如何对待组织中的冲突、如何评价科学家的贡献、如何实现技术转移等问题作了分析。从跨文化的角度论述了美国、欧洲以及环太平洋国家和地区研发组织的不同形式和政策，并讨论了研发组织特有的战略规划要素。新版还增加了研发机构如何进行创新的内容。

图书在版编目（CIP）数据

用户创新：提升公司的创新绩效 /（美）埃里克·
冯·希普尔著；陈劲，朱朝晖译. －上海：东方出版
中心, 2021.3
　　ISBN 978-7-5473-1796-9

Ⅰ. ①用… Ⅱ. ①埃… ②陈… ③朱… Ⅲ. ①企业创
新 - 研究 Ⅳ. ①F273.1

中国版本图书馆CIP数据核字（2021）第043039号

上海市版权局著作权合同登记：图字09-2021-0252号

DEMOCRATIZING INNOVATION by Eric Von Hippel
Copyright © 2006 by Eric Von Hippel
Originally published by MIT Press
Simplified Chinese translation copyright © 2021
by Oriental Publishing Co., Ltd., China Publishing Group

用户创新：提升公司的创新绩效

著　　者　[美]埃里克·冯·希普尔
译　　者　陈　劲　朱朝晖
丛书策划　刘　忠
本书策划　唐丽芳　潘灵剑
责任编辑　潘灵剑
封面设计　李　果

出版发行　东方出版中心
地　　址　上海市仙霞路345号
邮政编码　200336
电　　话　021- 62417400
印 刷 者　上海盛通时代印刷有限公司

开　　本　890mm × 1240mm　1/32
印　　张　9.5
字　　数　167千字
版　　次　2021年3月第1版
印　　次　2021年3月第1次印刷
定　　价　78.00元